谨以此书

# 缅怀周恩来总理和邓颖超大姐

# 写 在 前 面

　　自从周恩来总理和邓颖超同志去世后，很多同志从不同角度著书缅怀，而我虽然在西花厅工作了 40 多年，但以前却从未有过出书的念头，只是在一些期刊上登过长长短短的纪念文章，还在机关、工厂、学校、街道做过 20 多场介绍周恩来总理和邓颖超同志的报告。这许多年，不知有多少人对我说过：你应该写一本书，记述几十年的所见所闻。对他们的建议我心中非常理解和感激，但却一直在写与不写之间踌躇。是呀，在西花厅工作了那么些年，要说不写点儿什么确实是一种遗憾；可真要写的话又写什么？从哪里下笔？我更拿不定主意。

　　说实话，在西花厅工作的时候，总是觉得很忙碌；但一到静下心来，又觉得好多事实在是那样自然，因此在我努力回忆往事的时候，脑海里更多的是空白。当年我走进西花厅时还很年轻，工作环境也不允许记日记，经历过的事情太多太多，要想说出来时反而觉得不容易了。

　　在邓颖超同志百年诞辰之前，我终于接受了大家的建议，决定把自己在西花厅工作的一些片断记录下来，因为再过几年随着年岁的增长，记忆力和精力都会跟不上，真到那时想写也写不成了。对于写书我不是内行，记忆里的往事也时有遗漏，因此，在《西花厅岁月》这本小书里，我只想把自己亲身经历和亲耳听到的一些平淡往事告诉给那些同我一样依旧怀念着周总理和邓大姐的朋友们，以此作为我对两位老人家的一份纪念。

　　周恩来总理和邓颖超同志是我心目中的两位伟人，但在内心深处，他们又是我的直接领导和长辈。在同这对夫妇相处的几十年里，他们一直关心着我的工作和生活，关心着我的成长和家庭，关心着我的父辈和孩子……我之所以有今天，完全是党和两位老人家培养、教育的结果。

就是在两位老人都离世之后，他们的音容笑貌还时时在我脑海中浮现，他们的言传身教始终鞭策着我。虽然我今年已经年逾古稀，但还要按照周总理说的"活到老、学到老"以及邓大姐常说的"人老心红志更坚"去做，在有生之年努力向年轻一代宣传老一辈革命家的高尚情操，用周总理和邓大姐的奉献精神去感染年轻人为祖国多做贡献。

很多国内外朋友问过我，你为什么能在周恩来总理和邓颖超同志身边工作那么多年？是不是和他们有什么亲戚关系？在此我要告诉大家，我和这两位老人家没有一点亲戚关系，他们身边的工作人员都是经过组织选调的。周总理和邓大姐对于自己的工作人员都很信任，他们允许工作人员有缺点，也经常给予工作人员批评帮助，但只要是身体健康、勤恳工作，不犯大的原则性错误，他们一般不会轻易调换工作人员的，这是他们的用人原则。

虽然在两位老人家身边工作了几十年，但却如同弹指一挥间；往事如梦，我为自己的人生最宝贵的年月在西花厅度过而骄傲！

邓大姐百年诞辰之际，能够出版这本书，我首先要感谢为这本书付出了诸多辛劳的好朋友泠风，还要感谢中央文献研究室第二编研部的廖心文主任和中央文献出版社的郑德兴社长及编辑同志们。

2009 年，是邓大姐诞辰 105 周年。值此，《西花厅岁月》在社会科学文献出版社再版，这使我感到十分欣慰。让读者通过对周总理和邓大姐往事的了解，从而更多地感悟和学习周恩来精神，这就是我的心愿。

需要说明的是，本书经杜修贤同志授权，采用了他所拍摄的多幅照片，另外还有一些同志提供了自己的摄影作品，在此谨向所有提供照片的同志和翔宇教育集团董事长王玉芬女士、国金亿汇（北京）国际文化有限公司董事长唐清慧女士及何秉政先生致以真诚的谢意。

赵 炜

2009 年 4 月

写在前面

西花厅岁月

## 第五章

## 第六章

西花厅岁月

DIYIZHANG

# 第一章

人能为自己心爱的工作
贡献出全部力量
全部精力
全部知识
那么这项工作
将完成得更出色
收效也更大

——奥勃鲁切夫

# 三次偶然的选择

作为新中国成立后的最高层领导人物，周恩来的名字在解放之初就已经在中国大地上妇孺皆知。然而，对于中国绝大多数老百姓来说，毛泽东和周恩来等中央领导人居住的中南海则是块谜一般的圣地，那里的绿荫，那里的砖房，在高大红围墙的掩映和威武警卫的守卫下都蒙上了一层神秘色彩。

52年前，沈阳市第七女子中学的一名叫赵炜的普通女学生从未曾想到过，她在求学和从业中一个接一个的偶然选择，会把自己推进了中南海；而后，又是一个谦让般的选择，最终把自己送进了西花厅。在这幢古朴秀丽的大院里，她一待就是37年，她的工作、生活和中国革命史上一对功勋卓著的伟人夫妇永远地连在了一起。

穿上军装当兵，对我来说，是第一个偶然。我在沈阳市第七女子中学读初中的时候，正赶上抗美援朝征兵的高潮，那时候，每个学校都有规定的征兵名额，不管出现什么情况，都要求必须完成任务。虽然每次征兵我都报名，但学校从全面考虑没有让我走。到了我毕业那年，就是最后一批征兵了，当时我们学校分配到10个名额。这次征兵我也报名了，但学校确定的名单依然没有我。因为此时学校已经把我和另一个同学分配到师范学校继续读书，想培养我以后当教师。不过因为我挺想当兵，在放假前也向学校领导表示过：什么时候需要我就随时通知。

放了暑假，我收拾好东西准备回家，因为要等在沈阳第六中学读书的弟弟，行程就比别人晚了一天。第二天我正准备下午回家，忽然班主任老师通知我先不要走，说是有两位同学家里不同意他们去当兵，

▲ 刚刚穿上军装的赵炜

▲ 前进，为了新中国！

把人藏起来了。而学校当兵的同学明天就要出发，现在大多数同学都已经离校了，只能让我和另一位同学去补缺额。我当时在学校算是一名听话的好学生，再加上家里困难一直都是靠奖学金读书，所以听老师一说让自己当兵也没讲任何条件，反而心里还有点儿说不出的骄傲。中午，我跑到弟弟的学校告诉他我决定去当兵，让他回家说一声，第二天就穿上军装入伍了。

因为我当兵没和家里打招呼，我父母一直都不同意，母亲后来还被父亲逼着到过部队驻地劝我回家。我当然不愿意回去，领导也让母亲在部队参观。看到我在部队生活得挺好，母亲很放心地回家了，倒是我那倔犟的父亲气得不得了，他来信说："把你供到初中毕业，你自己有主意了，不要家了，那好，咱们脱离父女关系。"说过这话，父亲的气一直不消，有好几年都不理我，连我寄回的家信他也不看，有时一把火就烧了。但我却不管这些，每月照样给家写信，照样寄上几块钱，也照样在兵营里过着无忧无虑的集体生活。

虽然是因为抗美援朝当的兵，但遗憾的是，我当兵后却从来没去过朝鲜。我所在的部队是东北防空部队，在新兵连经过一个月培训后，

3

不少同志都被分到团里当文书，随部队去了朝鲜。分配的人一拨接一拨地走了，只有我一个人留了下来，我心里挺着急，想不通为什么要把我留下。后来过了很久才弄明白，解放初期部队新兵的文化水平普遍不高，初中生就算是高学历了，所以我这个只有初中学历的小女兵就被留在总部机关当了一名办事员。

在部队干了一年多，到了1953年，朝鲜战场停战了，部队机关中没有技术专业的女同志都面临着转业，我的名字列在第一批转业名单之中。根据组织当时的安排，我们这批转业干部有两种选择：一是就地转业到东北人民政府工作，这样可以留在沈阳；二是先到部队院校学习一段时间再转业。我当时年龄小，自己没什么主意，干部科的同志都主张我先去学习再转业，我听了他们的话，就决定先学习一年再说。要说学习，当时也有两种选择，一是到南京，二是去长春。我因为小时候在长春住过，不想再回到那个城市，就选择了去南京，那里是古都，对我的诱惑力很大。可后来再一打听，去南京学习的时间一时难以确定，去长春的可以马上走。大家又都帮我出主意，说是到南京好是好，可不知什么时候才能走，万一要是最后情况有变化怎么办？我一想也是，夜长梦多，干脆就去长春好了。就这样，一而再、再而三的几个偶然使我在1953年3月走进了位于长春的中国人民解放军机要干部学校。经过一年的学习，我于1954年3月正式脱军装转业。

我从干部学校毕业的前夕，恰好国务院来学校要人，学校挑选了80人去北京，我也被选上了。于是毕业后，我们就收拾行装坐上了火车，没几天就到了北京。到了北京，我们这批人的落脚地是中南海里的国务院工字楼，在这里，我们面临着又一次分配。这次分配，有的同志去了外地，一部分人留在北京。当时北京有两个单位都挺让人心动，一是国务院，二是外交部。我在上军校时有一个很好的同窗女友，我们俩私下里商量如果征求意见时就一起提出去外交部，当时也没有什么更多的理由，就是想到外交部以后出国的机会可能多一点，能见见世面。没想到，领导说："你们俩不能在一个单位。一个去外交部，一个就留在国务院，两人再商量商量吧。"再商量的结果是，我的朋友特别想去外交部，而我因为谦让了一下就自然留在了国务院。

我当时根本没想到，从参军到上学到北京这一连串不经意的选择使我最后成为一名周总理和邓大姐身边的工作人员，也使我在西花厅一干就是37年。

▲ 老棉袄、翘翘辫是20世纪50年代的典型装束

# 意想不到的调动

作为新中国第一代的创业者，共和国的第一任总理周恩来实际上是为新中国建设操劳最多的高层领导人，因此，他身边的秘书和服务人员也一度很多。但实际上，直到 1958 年以前，总理办公室的工作范围不仅是为周恩来总理服务，而且还担负着为国务院的陈云、陈毅副总理和习仲勋秘书长服务的任务，因此，在那期间，总理办公室实际上是国务院一个直属机构的名称。1955 年，正是中国完成第一个五年计划的关键时刻，这年，周恩来总理对国民经济各部门之间的比例关系很是关注，正是在这样一个国民经济发生根本变革的特定时期，赵炜被调到总理办公室的财经组工作。

留在国务院之后，我在机要处做了几个月的译电员，又被调到校对科，干了不长时间，机要处要合并到中央办公厅机要局去，我调到秘书厅的秘书科。工作不到一年的时间里，经历了三次工作变动，我对组织的临时调动已经习惯了，但一个多月后，当秘书科长找我谈话再次调动我的工作时，我还是吃了一惊。记得那天，科长把我找去说：总理办公室让我们选调一个工作人员，经过研究我们送过去几份档案，他们最后选中了你。

什么，要调我到总理办公室去，我这水平和能力行吗？我有点儿发愣。说实话，到中南海国务院工作后我们经常从西花厅门口过，望着那扇青灰色的大铁门，我只知道里面就是周总理和邓大姐办公的地方，至于其他，则是一无所知。虽然，我也曾希望偶然从那门口路过时能见上一次周总理或邓大姐的面，可我从未想到过自己要去那里工作呀！

▶ 老兵的样子

"怎么样，没想到吧？"科长问道。

"我到那儿去干什么？"缓过神来，顾不得回答科长的话，我就急火火地问。

"他们只是简单地说到组里当干事，"科长说，"实际上就是组里的秘书吧。"

"那，我能干好吗？"

科长笑了，他说："你到那儿的工作也就和咱秘书科差不多吧，都是接电话、收发文件这样的事儿，我想你能做好。"科长的话给了我一颗定心丸，可我心里还是有点不踏实。甭管怎么说，在秘书厅这边工作，不管调到哪儿都是熟人熟脸，这猛不丁调到西花厅去，人生地不熟的且不说，万一在首长面前有点差错怎么办？

"别害怕，心细点，不会就多问嘛。"科长鼓励我。

"好，组织上的调动我服从，实在不行就退回来吧。"我笑着对科长说。

"去就干好，可别让人家退回来啊。"科长倒认真了。

说是说，其实，我对自己还是有点自信的。什么事都要人去努力

7

干，只要大胆、认真，不会做的事多请教，我想我还不至于让人家给退回来吧？那一天，当我向秘书科的同志们告别时，所有的人都鼓励我，这样一来，我的信心就更足了。

对于这次调动，我的心里久久不能平静。其实，自从到中南海工作后，我就知道周总理和邓大姐就住在与秘书厅办公室一墙之隔的西花厅，但西花厅是什么样子，我们中却没几个人知道。平时，大家都盼望能在中南海的院里偶然见到一次周总理和邓大姐，现在，我算得上是捷足先登，要知道，能有机会在西花厅工作，当然也就有机会见到周总理和邓大姐啦。

就这样，在喜悦、兴奋和不安中，我度过了一个无眠的夜晚。第二天一早，科里给总理办公室通了个电话确定我过去的时间，我和同志们招招手，就一个人走向西花厅，走上了我的新岗位。

记得那是 1955 年 1 月，我当时 23 岁。

▲初进北京城的女兵们（前排右为赵炜）

# 走进西花厅

　　西花厅位于中南海的西北角，因其在中南海所在的位置而得名，在西花厅的东面，还有一个被称之为东花厅的院落。

　　除了领袖故居的概念外，西花厅最著名的当数那里的海棠花。每年4月，海棠花盛开时节，院里花满枝条，透过雅素的粉白花瓣，阵阵香气溢满房前。淡粉之间，再配以拂栏绿柳与潋潋水光，这座具有中国古典风貌院落中的多姿春色宛如一幅天然画卷。

　　周恩来是第一批搬进中南海的国家领导人，他在园内最早的住处并不在西花厅，而是在后来毛泽东主席一直居住的丰泽园，而他从丰泽园迁到西花厅，中间还有一段鲜为人知的故事。

　　1949年，北平和平解放后，中共中央从西柏坡迁到北京，首选的落脚地是香山，作为党的副主席周恩来当然也居住在那里。当时，新中国正处于紧张的筹建中，周恩来每天日理万机，有时一天内甚至要不止一次地往返西山与城里之间，因为当时路况很差，每天在路上所花的时间也就可想而知了。由于总是这样奔波既劳累又浪费时间，所以当时有几位领导人就率先住进了中南海，周恩来最早选中的院子就

▶ 西花厅大门

是丰泽园。

丰泽园共有三进院子，周恩来最早是同林伯渠分住在里院的五间正房里。过了一段时间，毛泽东也要搬进城，周恩来就把里院让了出来，自己搬到了中院的正房里；但因为后来毛泽东的家属也要进城，周恩来就又搬了一次家，这次他搬到了丰泽园外院的东厢房。开国大典之后，身为一国总理的周恩来再住在丰泽园外院就十分不方便了，于是，1949年11月，周恩来和邓颖超搬到了他们自己选中的西花厅，以此作为居住和办公的地方。从丰泽园迁至西花厅后，周恩来在此生活了近25年，直到1974年6月1日他最后一次离家住院。周恩来去世后，邓颖超在此又继续居住了16年。

时至如今，在西花厅中依然能感觉到周恩来夫妇当年生活的气息，后院房内的许多摆设还一如他们生前的式样。


西花厅离中南海西北门很近，两扇青灰色的大铁门在院子里显得很不起眼。在大门口，我向警卫报了自己的姓名，大概是已经接到通知了吧，他也没再问什么，只告诉我一直往里走。

西花厅静悄悄的，门口的警卫室和车库都是一色的青砖老房子，院里林荫小径，让人感到特别清爽舒服。走了十几米，通过一排小平房旁边的围墙，我第一次见到了西花厅外院的水榭。

西花厅的外院很大，东墙下一条两三米宽的窄小马路一直通往挂有西花厅横匾的前厅，马路边满是垂柳，柳枝下是一条不深的石渠，里面淌着清清的流水。后来，水榭的这些空地曾经被我们种满了蔬菜，周总理和邓大姐吃菜还要付钱呢。

外院的西侧是一溜西厢房，总共有十多间。最南面的几间高高大大，前面带有回廊，名为盟鸥馆；中间的几间稍低矮，也没有回廊；靠北面的几间最低，一看就知道是配房，我当时工作的财经组就在这几间西配房里。

▲海棠花是西花厅的标志，当年周恩来总理、邓颖超大姐经常在这里会见外宾

▲ 西花厅前院的水榭　　　　　　　　　　　　　▲ 花园深处的回廊

　　后来，在西花厅住久了，我才对这所院子有了更多的了解。这是一座建于清朝的王公邸园，原是清宣统年间摄政王载沣的府第。西花厅共有两进院落，前院高台阶上是一座五楹相连坐北朝南的老式厅堂，厅堂走廊外有一个同廊子一样长的长方形大平台，四周由青砖花墙环绕，厅前的横匾上书"西花厅"三个大字。在西花厅平台的对面，有一个牡丹花坛，花坛四周长着几棵茂盛的白皮松和果树，从平台往下观望，很有一番诗情画意。

　　除了正厅，西花厅东西两边还各有五间配房，西边从南至北由高至低分三层共有十余间不同规格的厅房与厢房。院内曲廊、小亭、轩馆、假山和荷花池一应俱全，更有那潺潺细水环于院内，苍松翠柏枝繁叶茂。西花厅的后院是一座不十分规范的四合小院，院内的北房与西配房构成了一组建筑主体，南向的厅房恰恰是前院的正房，而相比之下唯有东配房显得有些简陋。

　　第一次走进西花厅时，我看着什么都新鲜，特别是盟鸥馆前的清幽

12

▲ 西花厅前院盟鸥馆

静谧，更觉得有走进《红楼梦》中所描述的古典园林的感觉。以后，我慢慢得知，当初陈毅同志任国务院副总理时就曾在盟鸥馆办公，我来前是担任总理办公室副主任的张云逸在此办公。我当时怎么也没想到，若干年之后，当我调任邓大姐秘书之后，盟鸥馆竟然成了我的办公室兼卧房，就连我的儿子赵珂的童年时代也几乎是在盟鸥馆度过的。

在西花厅工作的最初那段时间，我还住在外面的秘书处，虽然每天跑来跑去，但晚上还能和以前的同事、朋友聊聊天，因此也没觉得太寂寞。后来，因为有时要加班，领导在西花厅给我分了一间房子，就是我刚来时在西花厅水榭围墙外面院子里看到的那一排小平房中最靠东的一间。那是一间只有十几平方米的小房间，房子倒是不差，只是隔着三四米就和厕所门对门，让人有些不舒服。好在我平时除了睡觉大多数时间都在办公室，慢慢地也就无所谓了。我在那间小屋里住了不到一年，第二年结婚以后就搬到西花厅外的西小院了。

西花厅在我来之后小修过三次。第一次是在 1959 年初，周总理出

13

差在外两个月，正好那段时间邓大姐也没在北京，何谦就趁此机会报童小鹏主任对西花厅做了一些维修。以现在的水准看，当时的维修非常简单，无非就是粉刷了一下墙，铺了地板，换了室内的灯和窗帘。维修后的西花厅焕然一新，但周总理回来一进门就怔住了，问这是怎么回事？听说他十分生气，把那几位主办的同志严厉地批评了一顿，并让把原来的旧东西换回来。后来，周总理为了这次维修还在国务院的会上做过多次检查，他说，只要我当一天总理，就不准在中南海大兴土木。他还对各位副总理和部长们说："你们千万不要重复我这个错误。"

西花厅的第二次维修是在 1965 年。这次也没有大动，只是把那些年久失修漆皮剥落的木柱和房檐油了油，因为周总理有话不让大修。

西花厅的第三次修缮是在 1982 年。那是因为日本有一个 3000 人的代表团要在 1984 年访华，团员中有些是中国人民的老朋友和他们的后代，其中有 100 人要到西花厅拜见邓大姐，所以为接待日本友人就把房间里外都粉刷了一遍。这年，邓大姐已是 78 岁高龄，为了避免她冬天感冒，修缮时在后院北房前加了一排廊子，把几间房子串了起来。这样，邓大姐冬季时可以在廊子里散散步，刮风下雨时出去也比较方便。

西花厅的最后一次"变动"是在 20 世纪 80 年代末，那次由我做主为这排廊子换了一次窗帘。但因为这事我也受到邓大姐的批评，在她的坚持下我们无奈又把那些已经用了多年的旧窗帘换了回来。现在西花厅的很多窗帘都已经糟朽，千疮百孔让人看着心里挺不是滋味，但这些东西都是周总理和邓大姐生前一直坚持不让换的。多少年来，西花厅的简陋陈设打动了每一位来宾，这里的一切都是周总理和邓大姐高风亮节的历史见证。

若干年后，我陪邓大姐在院中散步时曾问过她，当年为什么会选中西花厅办公？邓大姐说："刚开始时我们住丰泽园，后来毛主席搬进来，我们就要换一个地方。选中这里是因为恩来同志在4月份时来过这个小院一次，当时他一下就喜爱上了这里的海棠花，也爱上了这个小院。当我们要在中南海找一个地方长期住时，恩来一下子就想到了西花厅，所以后来我们就搬到这个有海棠花的小院居住。再说这个院子里还有各种树，前院还有几十株牡丹，让人觉得很素雅。有人认为恩来喜欢马蹄莲，其实我们俩都最喜欢海棠花。"听邓大姐这样一说，我更了解了周总理对西花厅的感情。

▼西花厅前院现景

第一章 ■ 西花厅岁月

# 第一次见到周总理

在西花厅37年，赵炜和周总理与邓大姐见面的次数多得数不清，她是周总理临终的见证人之一，也是陪伴了邓大姐27年的秘书、朋友与伴侣。作为一个跟随周总理与邓大姐几十年的工作人员，她对两位老人的感情也非同一般。30多年平凡而又不平常的日子，赵炜对过去的很多事情已经淡忘，但回想起第一次见到周总理与邓大姐的细节，这位年逾古稀的老人却记忆犹新，因为周总理那句"咱们都是同志嘛"一下子就使她当年紧张的心情放松下来。

到西花厅工作已经快一个月了，我和组里的秘书们也相处得很好，但只有一件事我一直不敢贸然问他们，那就是什么时候才能见到周总理和邓大姐？

50年代中期，西花厅的前院和后院分得很清楚，我们在前院工作的同志很少有机会到后院去，就是有文件要送给总理，也是放在通往后院门口的值班室里。我在工作的前两年从办公室到机要组送文件来来往往多少次，却一直也不知道西花厅的后院是什么样。再说，我当时的办公室同西花厅还隔着一道矮墙，别说总理他们出出进进我见不到，就是他和邓大姐在院里散步，一般我也看不见呀。

工作之余，我常常隔着窗子朝外望，希望能有机会见总理和邓大姐，可一想要真见到他们时又不知该说什么，心里反而又有点儿怕见他们了。很多很多次，我都在心里准备着第一次见到周总理和邓大姐该说的话，第一句说什么？要是只说"你好"那似乎太少了点儿吧？

▲周恩来夫妇难得的轻松

想来想去，把我的头都想大了，最后我决定：干脆先说"总理你好"，然后周总理他们问什么我就说什么，回答时尽量简单就是了。

大约在我到西花厅工作一个月后，机会来了。

那天下午，我正好要到机要组办事，刚刚出了我们小院门，就看见那边有几个人在散步。我再仔细一看，啊，真的是周总理和邓大姐！我当时就愣了，脚步也不由自主地停了下来。怎么办，是走过去还是站在这儿等周总理他们散完步再去机要组？一瞬间我有点拿不定主意。但很快，我就做出了决定：不能站在这儿，这个小门口是个死角，如果他们说话看不见我，那我岂不是失去了一次见到周

17

▲ 闲暇散步

总理的机会？

不知不觉中，我抬脚就向前走，心想，我走到他们看得见的地方就停住，如果周总理他们朝这边走，我可以先不说话嘛。正巧，我刚挪了几步，周总理和邓大姐就朝这边走过来。那天，周总理一如我们常在报纸、照片上见到的装束——身上穿的是灰色中山装，脚上是一双黑皮鞋，显得十分正式。倒是邓大姐，在这么个阳光明媚的春日里穿得明显有点多：她身着一件带花的薄呢子长大衣，脚蹬蓝呢子棉鞋，头上还包着一块当时非常流行的花方巾。

看到周总理和邓大姐越来越近，我开始紧张起来，心怦怦直跳，早就不知该说些什么了。这时，跟随周总理的一位卫士指着我向周总

18

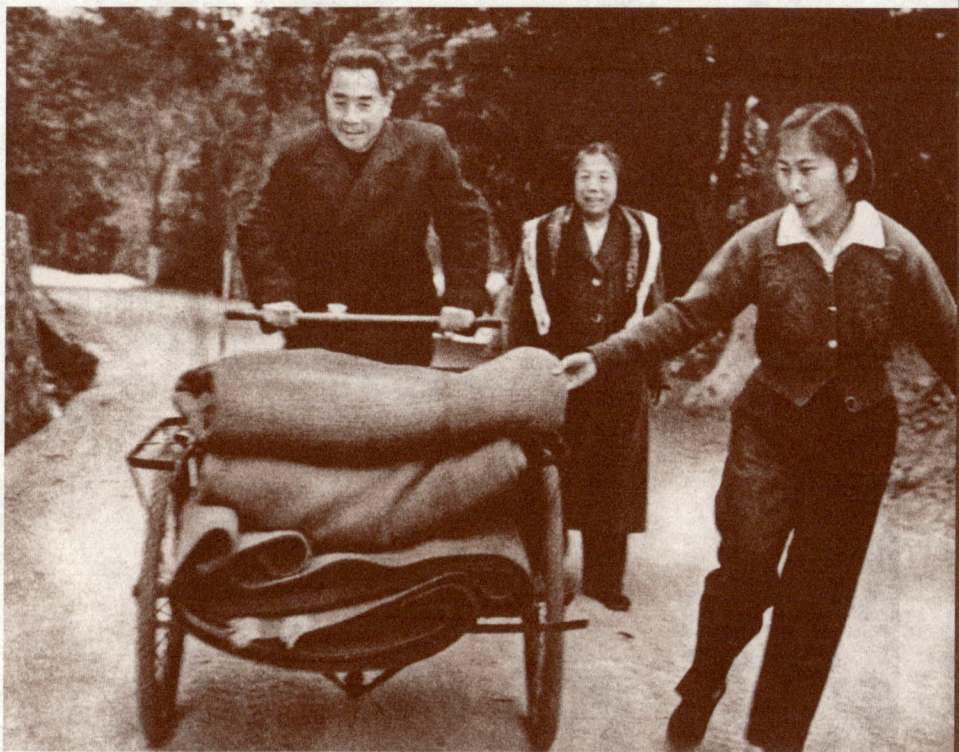

▲1959年1月在广州从化休养时，周恩来总理兴致勃勃地蹬起三轮车

理介绍说：这是财经组新来的赵炜同志，刚过来不久。听他一介绍，我马上向前迈了一步，伸出手向周总理和邓大姐问好。

"哦，是新同志。"周总理说，他同我握完手并没有马上走，而是详细问起了我的年龄、以往工作和家里情况。我当时紧张极了，手心直冒汗，周总理问一句就答一句，话语也怯生生的有点发颤。周总理看出了我的紧张，就笑着说："不要紧张嘛，我是总理，你是这里的工作人员，咱们都是同志嘛。"这时，邓大姐也在一旁和蔼地说："小同志，不要紧张，慢慢地咱们就会熟悉的。"说也奇怪，听周总理和邓大姐这样一说，我的心一下就平静了，回答周总理问话的语调也恢复了正常。就是这样一句"咱们都是同志嘛"，让我觉得自己和共和国总理之间的距离一下子拉近了。

后来，在西花厅工作的时间长了，我不但见到周总理的机会多了，和周总理直接说话的机会也渐渐多起来，但因为是"同志"，所以我在他和邓大姐面前说话再也没有特别紧张过。

60 年代以前，因为周总理每天工作的时间都达到十五六个小时，因此，到了星期六大家都想方设法令他放松一些。那时，每逢周总理不外出的周末，中办警卫局服务处就会带点片子来放电影，当时租一

▲1957年周恩来总理在重庆一个钢铁工人的家中，亲热地抱起这家的小娃娃

次片子是 15 元钱，每次都是从周总理和邓大姐的工资里出。周总理和邓大姐看电影时总会想着工作人员，从来不忘请办公室的同志一起看。那时办公室的不少同志都住在西小院，有的同志来看电影时还带着夫人和孩子。周总理和邓大姐特别喜欢小孩儿，见到哪个都要问问、逗逗。除了看电影，周总理周末闲暇有时也去中南海紫光阁跳跳舞，见到熟识的工作人员就一起跳，我也曾和周总理跳过几次舞。

▲ "大跃进"后的困难时期，周恩来总理同河北农民座谈

# 周总理参加我们的婚礼

赵炜的恋爱是在北京开始的，当时国务院秘书厅机要处有七八十个人，其中第三组组长赵茂峰是个外憨内秀的河北小伙子。外表看似大大咧咧的赵炜那时不知道，机要处有几个同事已经暗中相中了她，其中就有人称"老蔫"的赵茂峰。

实际上，赵炜真正和赵茂峰谈恋爱是在同事们已经对他俩的关系形成声势之后，所谓恋爱进程也不过是星期天两人偷着出去看场电影。后来，赵茂峰继赵炜之后也调到总理办公室，开始时当干事，继而又成为机要秘书，两人遂在西花厅结下秦晋之好。结婚当天，让这对新人没想到的是，日理万机的共和国总理周恩来在接见外宾之后亲自到他们的新房祝贺。周总理的到来，给赵炜与赵茂峰的婚礼增色不少，同时也给他们俩年迈时留下了更为甜蜜的回忆。

在调到西花厅工作之前，我和同在国务院秘书厅机要处工作的赵茂峰已经确定了恋爱关系，1956年初，赵茂峰也调到总理办公室工作，我们就决定结婚。

北京中国1955

◀赵炜与赵茂峰结婚照

毛澤東主席

▶珍贵的礼物

　　我们的婚期定在2月4日，新房是西花厅西小院一间普通的西厢房。当时，西小院里共有十几间平房，大概北房有七八间，西房有四五间，住的都是西花厅的工作人员。我记得当时住在北房的有浦寿昌、马列几家，他们各住两间房，我们住西房的都是各住一间。西小院的房子并不很大，每间也就是15平方米左右，当年我们的新房放了一张双人床、一张三屉桌、一把椅子和一个脸盆架后几乎就再放不下什么了。房子虽然很小，用的也是公厕，每天还要端着痰盂、垃圾出去倒，但由于是在西花厅里面，大家又都很熟悉，因此住得也很开心。

　　50年代的人结婚都十分简单，通常都是选一个星期六或节日的晚上结婚，婚后也照常上班，不像现在都要出去度蜜月休长假什么的，我和赵茂峰的婚礼也不例外。那天，我们白天照常上班，下班后把两

23

个人原来盖的被子换了被里被面，搬到一起，就算置齐了结婚的家当。结婚当晚，我们借了隔壁的一间空房摆了几张桌椅请大家来坐坐，买了点儿糖、花生、瓜子什么的请大家吃吃。

知道我们结婚，同事们送来了不少红纸对联，长长短短的，把屋子里都挂满了。周总理和邓大姐知道我们结婚的消息后，也让人送来了一份礼物——一张用绒线绣在杭州竹帘上的毛主席像，这在当时可是既贵重又时髦的工艺品。邓大姐还派人转达了她对我们的祝福，还说她因为身体不好，晚上就不出来了，有时间再来看我们的新房。

因为那时我和赵茂峰到西花厅工作的时间都不长，再加上邓大姐说晚上不来了，所以我们那些朋友和同事们也就十分随意，大家坐在一起吃瓜子聊天，嘻嘻哈哈好不热闹。没想到，晚上8点多钟时，有人从门外跑进来喊道："周总理来祝贺你们啦。"听到这声喊叫，我和赵茂峰顾不得整理，拔腿就往门外跑。跑到西小院门口正好赶上周总理要进门，我们俩看着他叫了一声"总理"就再也说不出话来。周总理慈祥地说："听说你们今晚结婚，我外出见客回来，也来祝贺你们新婚之喜。"说着，周总理又同我们俩一一握手，还告诫我们："你们俩可要互相帮助互相学习白头到老哟。"

平静一下，我们拥着周总理走进了那间小小的新房。周总理看了看屋里的陈设就开始饶有兴趣地逐条地细看贴得满墙的对子，当他看到其中一幅带有玩笑话的对子时，马上指着说："其他的写得还可以，这幅写得不好。"

"没什么，他们在拿我们开心。"我马上给周总理解释。

"开心也不要这样写嘛。"周总理坚持说。

听周总理这样一说，我表示一会儿就把那幅对子摘下来，周总理满意地点点头。周总理走了，朋友们都围了上来，大家对我们说，你

▲赵炜伉俪在西花厅又迎来一个海棠花开的季节

们结婚周总理都来祝贺，你们真是好幸福呀。

从 1956 年至今，整整 47 年过去了，周总理和邓大姐送来的结婚礼物我们一直珍藏着，周总理的祝福也一直陪伴着我和赵茂峰在生活的旅途上携手共进。退休以后，有时我们老两口也常把周总理和邓大姐送的那幅主席像拿出来细细地瞻仰，四十多年的岁月过去了，虽然竹帘早已变黄，但上面的绒丝线却一根也没有朽断。看到这幅绣像，我和赵茂峰眼前就会浮现起周总理当年走进我们新房时的情景，还有我们在西花厅度过的那几十年幸福时光。

▲ 赵炜的一双儿女在西花厅长大

# 进入周总理办公室

关于周恩来的办公室，在他去世多年之后很多人都曾有过回忆，其中比较一致的是：周恩来对自己办公室的钥匙管得很严。据说，周恩来的办公室共有三把钥匙，他自己一把，值班室一把，值班卫士一把。除了秘书和卫士，其他人，包括邓大姐在内，都不能随便进入他的办公室。

细数数，从建国之初到周恩来总理去世，在他身边的秘书、干事和其他工作人员不下几十个，但唯有赵炜从分配到西花厅后就再没调离过，甚至周恩来总理在生命的最后关头，还把割舍不下的老伴邓颖超托付给了赵炜。周恩来总理何以对赵炜这样一个原本素不相识，又无一点儿其他背景的工作人员如此信任？不少人曾经发出这样的疑问。

和赵炜接触时间长了，你就能体会到她的热情与坦荡。大概正是由于工作认真和个人的性格特点，才使她成为在西花厅时间最长、贴近周恩来和邓颖超的普通生活最近的一位工作人员。

初到西花厅时，我的工作是给财经组当干事，但人又归机要组管，所以受着两个组的双重领导。当时是国务院副秘书长齐燕铭兼任总理办公室主任，下面还有副主任，总共约有20多位秘书，每位秘书负责联系不同的部委。根据工作性质，秘书又分为外事、财经、综合、机要、行政几个大组，每个组都设一名干事。所谓干事，实际上就是为各个组里的秘书们服务，平日工作内容大部分是接电话、找资料、收发文件或做一些秘书们专门交办的事。

记得我来那天，是周总理的机要秘书刘三源同我谈的话，后来也是他把我送到财经组的办公室。财经组当时有七位秘书，我记得有刘

▲西花厅后院左侧房间即为周恩来办公室

昂、许明、杨纯、顾明、戚剑南、王伏林、吴群敢，其中刘昂、许明、杨纯三位是女同志。这几位老秘书大都是抗战时期就参加革命的老同志，他们中最大的比我大十多岁，最小的也比我大十岁，因此我在财经组就成了一个备受关爱的小妹妹。看到我去时很拘束，这些老同志就鼓励我：不要害怕，有什么事不懂就问，慢慢地你就会熟悉这里的。看到那些老同志一个个都很和蔼，我紧张的心情也慢慢地放松了。从那天起直到我离开，37年的时间，我渐渐熟悉了西花厅和那里的一切，也一天比一天更爱西花厅。

到西花厅工作的第一个感受就是那里很多人的工作时间和通常不一样。因为周总理的习惯是夜里办公，上午基本是他休息的时间，所

▲ 办公室外的长廊

以秘书们也一般都工作很晚。虽然上午各组上班的人很少，但干事却是一定要去的。由于西花厅的上午静悄悄，所以稍有点儿大的响动就显得很突出。记得有一次我穿着皮鞋往后院走，由于皮鞋底子有点硬，走起路来吱吱响，卫士长听到后马上提醒我说：以后到后院最好不要穿皮鞋。我知道他这样说是为了不影响周总理的休息，以后也就处处小心，走路办事尽量不发出大的响动。

初到西花厅的那几年，前院和后院的分工非常清楚，我们有文件要往周总理那儿送也是就走到后院门口，把文件放到机要组或值班秘书处，因此，在到西花厅工作的前三年，我根本就不知道后院是什么样子，更别提见一见周总理的办公室了。

我进入西花厅后院是 1958 年。那时候，总理办公室因为前一年的机构精简，秘书也精简得少多了，我们的工作范围也变成只管周总理的事。那年恰逢"大跃进"，全国各地每天都要报来"大炼钢铁"的报表，周总理每天也对这些报表特别关注。为了让周总理每天在第一时间掌握全国的情况，我们在他的办公室放了一块大黑板，每天更换新报上来的数字。当时，填写报表的任务就分给了我。

　　因为给周总理填报表，使我有机会走进了他的办公室。

　　周总理的办公室在西花厅后院正房后客厅靠西的两间，大概有

▼周恩来总理生前办公的地方

四五十平方米，门开在紧靠后客厅的西边。进到周总理办公室，首先见到的是一张能围坐十来个人的长条会议桌，桌椅摆放的形式同现在一般家庭的餐桌差不多，会议桌西边的南窗下，斜放着一张挺大的办公桌。其实，周总理的办公桌就是 50 年代初期很常见的那种两边都是抽屉的大写字台，深棕色，样式很古朴，也很凿实。这张办公桌的最大特色是在左边一排的抽屉上边有一个特制的小抽屉，里面都是些通往各个秘书房间的电铃按钮，周总理如果想叫谁，一按电钮就行。办公桌的右边接了一个电话桌，上边摆着三部电话，两

▼走进周恩来总理办公室，最先跃入眼帘的就是这张会议桌。当时由周总理签署的许多重要文件就源自于在这里召开的一个个会议

黑一红，那部红的是保密电话。办公桌前面的窗根下是一个保险柜，桌旁边是一张大椅子，平时周总理办公就坐在这张椅子上。除了这些简单的办公桌椅，办公室沿东西墙放置了一排书柜。周总理的书柜是那种很好看的中式样款，大约有一人多高，里面分三层，放书很实惠，和他的办公桌也挺配套，找放东西也很方便。办公室靠北墙处，摆放的是毛主席的半身像，后面有一个小铁皮柜，上面放着一套《鲁迅全集》。

周总理办公室唯一没有摆放东西的地方就是一进门的南窗下，当年我就是每天独自在这里给周总理填报表，以便让他起床后走进办公室时最先就能看到。

记得有一次，周总理看了报表后认为填的数字不对，就把我叫了过去。

"你这个数字是不是填错了？"我一进去周总理就问。

"没错呀。"我当时想都没想就脱口而出，这话若是现在我肯定不会这样讲。

"你敢肯定？"周总理又问了一遍，他脸上的表情很严肃。

"我敢肯定。"我当时好像有点初生牛犊不怕虎的劲头，回答得也相当自信。"不信我把原始材料拿来给您看。"

我把材料拿来，周总理认真核实了一下，确实没抄错。他点点头说："哦，那是我记错了。"

从我第一次走进总理办公室一直到 1976 年周总理去世，他办公室的陈设格局基本没有变过。

▲周恩来总理正在聚精会神地办公，这张照片是工作人员隔着玻璃窗悄悄拍摄的

第一章 ■ 西花厅岁月

▲1955年4月，周恩来总理在万隆会议上，阐述了著名的"和平共处五项原则"

## "你走为什么没有人告诉我？"

　　历史上，周恩来办公室曾经经历过两次精简，第一次是在1957年底至1959年初这段时间，第二次是在1965年1月。关于第一次精简的原因，主要有以下两种说法：一说是因为"反右"导致很多知识分子成了"右派"，高等院校严重缺少得力干部，周恩来觉得应该支援文教战线，就率先表态："我带头，从我办公室先抽人。"第二种说法是由于一次某位领导的秘书办事不力，引起了毛泽东的不满，毛泽东当着周恩来说了一句话：要那么多秘书干什么？秘书多了误事。当时在国务院的领导中，只有总理办公室的秘书最多，于是周恩来回来后就下决心精简秘书。这次精简的直接结果，是使得总理办公室的职责从为众多领导服务转变成只为周恩来总理服务。

在第一次精简中，赵炜所在的财经组有不少同志到了各部委或地方，她也要调到北京一个化工厂担任团干部工作。临别中南海的那天晚上，赵炜最想做的一件事就是和周总理告别。没想到，周总理在得知赵炜调走的消息后颇有些不高兴，由于他的亲自过问，赵炜又在西花厅留了下来，而且一留就是30多年。

从1957年底开始，总理办公室就开始陆续减人了，到了1958年，总理办公室的秘书从十几个减到八个，李琦、陈浩、韦明和财经组的刘昂都调走了，统战部的秘书长童小鹏调来担任了总理办公室的主任。秘书精简了，干事的工作也相应减少，机要组顺理成章也得减人。我们当时思想都很单纯，也特别愿意下基层，所以领导通知谁调走和大家相互告个别也就高高兴兴地走了。

一天晚上，我值夜班。刚上班不久，办公室童小鹏主任和机要组组长把我找去谈话，说机要组也得响应精简号召，经过研究，决定让我下基层。当时我们这里有一位秘书同志已经先期调到北京一个化工厂当党委书记，对那里比较熟悉，组织上就推荐我也到那个厂去搞团的工作。童主任问我有什么意见，我说没意见，童主任说那就把手里的工作交代一下星期一去工厂报到吧。在机要组工作了几年，我们都养成了当日工作当日清的习惯，因此工作很好交代，我到办公室收拾了个人的书和零星物品，做好了离开总理办公室的准备。

因为要走了，我很轻松，恰好那个星期六晚上紫光阁有场舞会。我想快走了，以后再来这地方的机会不多，干脆，去紫光阁再玩儿一次吧。

▲1965年7月，周恩来总理在新疆军垦农场与上海知识青年亲切交谈

　　真巧，那天晚上周总理也去了。以往，我们上紫光阁玩儿，有时也能碰见周总理，因为想和周总理跳舞的人多，所以我从来没有主动邀请过周总理，偶尔和周总理跳过几次舞，也都是周总理先招呼我。但是那天晚上情况不同，星期一就要离开中南海了，以后再见到周总理的机会肯定会少得多，再说真要见到周总理也不知道还有没有机会能和他跳舞呢。于是，我决定要主动张口，请周总理跳一次舞。头几支舞曲开始时，周总理身边老有人，我一直找不着机会，心里真有点急。后来，总算等到周总理身边的人少了点儿，我就勇敢地走过去伸出手："总理，我请您可以吗？""有什么不可以的，你这个赵炜，大概还是第一次主动请我跳舞吧？"周总理说着就站起身。我心想，周总理的记性可真好，连这点儿小事他都有印象。

▲ 1965年7月，周恩来总理接见新疆和田新玉文工团的演员们

随着悠扬的舞曲，周总理带着我在舞场上跳起来。周总理的舞跳得很棒，步子既轻柔又稳健，加上我的个子不高，让周总理带着跳得十分自如。

"最近工作怎么样？"边跳舞，周总理边和我聊起来。

"报告总理，办公室决定我们机要组也减人，我要去北京化工厂做专职团干部啦。"我高兴地向总理报告。

"噢，已经决定了吗？"周总理好像有点意外，马上追问一句。

"决定了，"我说，"工厂都联系好了，星期一就要去报到。"

"你走为什么没有人告诉我，这事儿我怎么不知道？"周总理的口气重了一些，脚下的舞步也慢下来。

看到周总理因为这么点儿小事一下变得严肃起来，我一时不知说些什么好。

"减人也不一定非要去工厂嘛，工厂不要去。"周总理又接着说。

"总理，我这个级别的干部工作调动不用报告您，办公室就可以决定。"为了缓和气氛，我笑着说。

"怎么可以不报告？你是我办公室的人嘛。"周总理接着又说："你回去告诉童主任，工作不要调动，也不要去工厂。"我看周总理说这话时一点儿也不像开玩笑，心里一下子也没有主意了。

走出舞池，我再也没有了刚才同周总理一起跳舞时的高兴劲儿，反倒是心里忐忑不安不知怎么办好。按理说，和周总理刚才的谈话后我已经明白自己不会调走了，但我心里并不因此而高兴，一来那时人年轻，自己也确实从内心里想到基层去锻炼，而对下去之后的前景并没有想过很多；我高兴不起来的第二个原因是不知道办公室领导没向周总理报告我的调动，我就莽撞地向他老人家告别，结果不是给领导找麻烦吗？想来想去，我决定明天先向领导汇报这件事，变被动为主动。

第二天一早，我就把和周总理的谈话一五一十地向童主任和机要组组长报告了，他们听了表态说，这事儿没接到通知，最后怎么决定要按周总理的交代办。听领导这样一说，我心里踏实了，上午也就在家里平静地做着家务。还没等到吃午饭，我就接到了办公室的正式通知，说明天不要去工厂报到了，留下来继续工作。后来我才知道，那天上午，周总理起床后就把童主任叫了过去，交代不要把我调走。

就这样，由于周总理的直接干预，我又留在了西花厅，而且从那以后直至周总理和邓大姐先后辞世，我都没离开过那里。

▲1954年出席日内瓦会议时的周恩来

# 第二章

有思想的

充满社会利益的

具有明确目的的生活

是世界上最美好的和

最有意义的生活

——加里宁

# 直接为周总理服务

　　周恩来把赵炜留下后，西花厅的总理办公室改为总理值班室。由于秘书的减少，值班人员不够了，赵炜和她的丈夫赵茂峰就直接进入总理值班室参与每日24小时的轮流值班，从此她的工作内容就是直接为周总理服务，而她工作的职责也逐渐从干事过渡成秘书。

　　我进入总理值班室以后，工作内容发生了很大的变化，最根本的一点就是要把周总理的一些工作指示及时传达给有关部门和同志，同时要把下面汇报的情况及时向周总理报告。

　　当时，由于"反右"和"大跃进"的相继出现，国家建设正处于一波三折的风浪关口，周总理每天的工作多得数不清。为了保证不耽误工作，开始时由一位大秘书领导和带我们工作，值班室也总结出一套工作规律：凡急事都立即向周总理口头汇报请示；不是太急或比较复杂的事情就分门别类写成汇报条或报告，然后再请示周总理或等他批复。现在回想起来，当时值班室的工作主要有以下几大部分。

　　其一，每天翻阅送来的文件和电报，同时进行筛选、摘编。那时候，每天送到西花厅的文件、电报数不清，如果都送到周总理那儿恐怕他一天也看不完，因此，我们值班时就要从这些文件和电报中选出最重要的或时间紧迫的先送周总理批阅。如果周总理不在，就把文件放在他办公桌上，因为周总理的习惯是回来后先翻阅办公桌上的文件；如果遇到特急文件或请示电话不能等，就得立刻派人送到周总理外出处。说实话，当时在那么多文件中，哪些该送哪些不送，完全是靠我们个人对事件轻重缓急的理解和比较，有时一个人拿不准还要几个人

▲20世纪50年代周恩来总理在展览会上

商量斟酌一下，如果把握不好，就会受到周总理的严厉批评。我在值班室待了六年，一般情况下选送文件还没出过什么让周总理不高兴的事儿。

其二，处理周总理交办的事儿。周总理交办的事除了一些口头指示外，更多的是查资料。那时候没有电脑，查资料是件很费工夫的事儿，有时为了核对一个地址或一段话，我们不得不翻阅很多的文件、报纸或经典著作。不过这样也不错，通过为周总理查阅资料，我逐渐增长了不少知识。

除了以上两部分工作，我们值班时还要负责承办周总理主持召开的一些会议的会务，有时也要出席一些有关部门的会议，回来后向周总理汇报。当然，在值班室接听电话更是一项常务工作。西花厅的电话特别多，有时一个人同时要接三四部电话，嘴里说着这头顾那头，工作量之大不是一般人能够想象的。

刚开始值班的时候，我们还是依照以前的老规矩，每人分管一摊儿，但送阅的文件需经过领导我们的大秘书过目，谁有急事儿都可以直接向周总理汇报。我记得在总理办公室未撤销时，周总理要是出去一天，大家就都等着，周总理从外面一回来，就全夫赶着报告，结果闹得周总理一下子要面对几个人，既累又乱。有一次，等大家都汇报完了，周总理就交代：以后除特殊紧急事情外，所有文件由值班秘书统一送批。自此以后，就由值班秘书一对一向周总理汇报工作了，后来人少了就由值班同志呈报。

在值班室工作的时间长了，我们对周总理的脾气和工作作风也就有了相当的了解，周总理对秘书的要求很严格，向他汇报工作时，一是要准确，二是要及时，三是要简明扼要。因此，我们向他请示汇报工作时从来不能用大概、可能、也许这类无确定概念的含糊词，说话也不能啰唆，更不能拖拖拉拉。通常，我们对周总理交办的事情的办理情况都要及时向他反馈，怎么办的，什么时间办完或为什么没办成等等，否则周总理不放心还会把我们叫去细问。平时，周总理也总是鼓励我们多提意见和建议，他主张秘书要多开动脑筋，多想问题，勇于建议，我至今还记得周总理当年对我们说过的一句话："你们这些秘书，不要光做事务性和技术性工作，也要做创造性的工作，可以大胆提出政策性的意见嘛。"周总理常对我们说的一句话是："在我这里工作不要搞特殊，更不要认为在这里工作就高人一等，也不要用我的名字去压人。"

▲周恩来总理伏案疾书

　　周总理是一个办事极有规律的人，往往在工作中他会按照自己的习惯提出一些要求，如果秘书没按要求做，他批评起人来也十分严厉，有时根本不容人当面解释。记得有一次，周总理告诉童小鹏主任以后要把新文件放在办公桌的左边，童主任回来一忙就忘了向值班室的同志转告，因此大家谁都不知道这项新规定，拿进文件依然放在办公桌右边。第二天，正好是赵茂峰值班，周总理一进办公室看到文件没按照他交代的位置摆放就生气了，马上把茂峰叫到办公室狠狠地批评了一顿。周总理说："你工作有十多年了吧，为什么我交代了的事还不听？连这点事也办不好吗？你们回去好好研究研究。"在周总理身边工作，我们都知道总理的脾气，他批评人时不管是不是这个人办的事都得先把批评"接收"下来，然后再回去向当事人传达，绝不可以当着周总理的面解释说："这事我不知道"或"这不是我干的"。茂峰本来就是个性格内向的老实人，那天，周总理批评时他就一声不响地站着，一句话也没解释。谁知道周总理那天火气特别大，一直把茂峰狠狠批评了一刻多钟，弄得老实疙瘩也有点站不住了。茂峰出来后把周总理的批评告诉了童小鹏，童主任说："这事总理交代过我，是我没告诉你们，跟你没关系。"虽然童主任解释了，大家也知道事情的原委，可茂峰心里却一直不太平静，因为周总理的批评太严厉，时间也太长了。回到家他对我说，当时真想你们赶快来个人汇报工作，让我好得到解脱。我也劝茂峰：在总理跟前，挨点儿批评是正常的嘛。

但说实话，那次周总理对茂峰的批评对我们每个人都是一次教训，因此，我以后的工作就做得更加小心细致了。还好，在以后和周总理十几年的接触中，我虽然偶然工作中也有一点儿小小过失，但他从来没那样批评过我。

▲ 工作中的赵炜

# 周总理的日常工作、生活

　　每个人都有自己的工作、生活习惯，身为伟人的周恩来也不例外。赵炜前前后后同周恩来总理交往了 21 年，对他的了解远不止一个侧面。从她口中讲述的周恩来日常生活，可以让读者了解到伟人政治活动之外的另一面。透过时间与空间的距离，实际上，西花厅中的周恩来在生活中也是一个洋溢着浓厚人情味和亲和力的普通人。

　　和毛泽东主席一样，周总理习惯于晚上办公。周总理夜里办公结束的时间没准，最早也要到两三点，遇上事情多时，他就工作一个通宵。因为通常休息得很晚，所以周总理起床的时间也比较晚，正常是在上午八九点，有时睡得晚了要到中午才起床。为了让周总理休息好，西花厅的上午一般都是静悄悄的，大家说话、走路都要尽量压低声音，更甭提大声喧哗了。

　　周总理一起床，西花厅忙碌的时刻也就来临了。先是秘书们忙着向周总理请示汇报工作，有时实在要赶点，男秘书们还会毫无顾忌地把周总理"堵"在卫生间里。个人卫生搞完后，周总理就坐下来吃一点简单的早餐，事情少时，他可以在早餐时享受十几分钟的清静；赶上事情多，周总理就会让秘书利用这点进餐的时间给他读读《参考消息（大字版）》和《参考消息》。

　　吃过早餐，周总理一天最繁忙的时刻开始了，他的日程表都是提前订好的，开会、找人谈话、调研、接待外宾……几乎一出去就是一天。周总理回来时一般天都黑了，"文化大革命"前他的一个习惯是每天回来下车要先路过值班室，进去看看有没有特别重要的事儿，后来，值班室改了门儿，周总理要去还得绕个弯，不太方便，他也就不去了。

第二章 ■ 西花厅岁月

47

▲ 西花厅后院的客厅。客厅西边是周恩来的办公室，东边是周恩来邓颖超夫妇各自的卧室

周总理还有一个清嗓子的习惯，只要夜间从外面回来，在西花厅前院一下车他就要"咳、咳"那么两三声，这样我们值班的人也就知道是周总理回来了。周总理为什么回家要先咳嗽，我一直不明就里，好几年以后还是邓大姐解开了我心底的谜。邓大姐告诉我，周总理这种进门前先咳的习惯是20世纪30年代在上海做地下工作时养成的，那时他们住的院子没有电铃，回来晚了不敢高声叫门，就咳嗽两声当暗号，后来虽然转战南北多少年，但周总理进门前先咳嗽的习惯却一直没改掉。

因为和邓大姐的作息时间不一致，周总理和邓大姐各有各的卧室，有时，邓大姐都起床了，周总理还在办公呢。每逢这时，邓大姐就会轻轻推开周总理办公室的门，站在门外轻声督促："恩来，天都亮了，早点休息吧。"而这时的周总理态度一般是特别好，他常用的口头禅

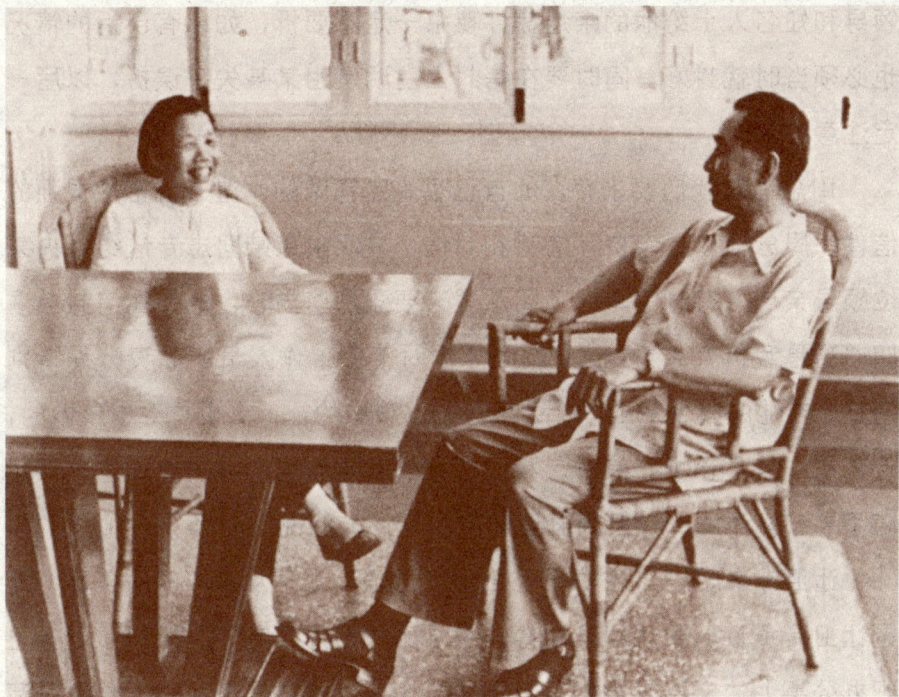

▲温馨时刻——周恩来夫妇聊家常

是："就睡就睡。"

虽然在同一幢房子里，但周总理对他办公室的门看得很严，他办公时，除了秘书有事可以进去，一般人根本不能进，连邓大姐也很少进他的办公室。周总理在办公室打电话时，除非他允许，任何人不得留下，通常我们看到他接电话或者要打电话，就都先主动退到办公室对面的卫士值班室去。但有时周总理会在打电话时摆摆手，我们明白，这是不用出去的意思，也许，他一会儿要把这件事交给某人去办。周总理对秘书打电话也有严格要求，他从不许秘书在卫士值班室打电话谈他交办的工作，而是要求我们一定回自己办公室打。

"要保密，不要对任何人讲。"这是我和周总理接触中常听他说的一句话。平时，周总理的文件都是由值班的同志拆，但他规定部以上领导和知名人士给他的亲启信件秘书一定不要拆，如果有误拆的情况也必须当时就封好，同时要在信封上注明是由某某失手误拆，以后一定注意的字样。

周总理对我们要求严，他自己也是这样做的，遇上机密性很强的信件，周总理都是亲自写信封和封信，注明由某某同志专送给中央某位领导亲启。有时信写好了周总理又要添加些内容，他就在信封上注明"这是我拆开又重封的"。周总理对下面工作人员的职责分得特别清楚，在他的办公室里，什么事是秘书该做的，什么事是卫士该做的，他总是一点不含糊。有时，我们在办公室看到他的杯子里没水，很想随手拿茶杯添上点，但周总理却坚决不许，他说："这不是你们干的事儿，让卫士来。"——在办公室的服务方面，总理从来不叫服务员，而是让卫士负责。周总理是个喜欢整洁的人，办公完毕，他习惯于自己把办公桌上的文件收拾好，笔、墨、放大镜等文具也都一一整理得清清爽爽，放到固定位置，临走还要把椅子摆放好。周总理不在时，我们通常要把文件送到他的办公桌上，将近20年里，我进过周总理办公室不知多少次，但从未见过他办公室有过乱糟糟的情形。

尽管周总理每天睡觉很晚，但他却给我们定下一条严格的纪律：

▲餐厅是一天中周恩来与邓颖超相聚最多的地方

毛主席和毛主席处来的电话一刻也不能耽误。这条纪律的制定源自于一桩小事。有一天晚上，周总理工作到很晚，刚刚吃完药睡下，毛主席处就打电话过来。值班的同志实话实说，告诉对方周总理刚睡觉，毛主席的秘书一听就说不要叫他了，让他睡吧。第二天，周总理起来后知道了这件事，把值班的同志狠狠批评了一顿，还特意到值班室向我们所有的人宣布："以后无论什么时候，只要毛主席处来电话，哪怕我刚刚睡着也要叫醒我。决不能误事。"

和工作习惯截然不同的是，身处高位的周总理在吃穿方面却十分俭朴和随便。

周总理吃的一向比较简单，早餐通常是一杯牛奶或者一碗玉米糊，再加两三片面包；如果在家吃午餐或晚餐就是两菜一汤。周总理的两菜是一荤一素，荤菜他喜欢吃鱼或红烧肉，特别爱吃的是淮扬菜烧狮子头。素菜里总理比较喜欢吃豆类和带叶的绿菜，像蚕豆、豌豆和豆制品以及油菜、空心菜这些大路菜都是他最喜欢吃的。由于经常工作到深夜，周总理半夜难免有饥饿的时候，这时，他的夜宵就是一小盘花生米。有几次，我晚上到周总理办公室去送文件时正赶上他在吃夜宵——一边办公一边用手指夹着花生米往嘴里送，见到我进来，周总

▲ 周恩来使用了20多年的家用餐具

理就会关心地问:"赵炜,你饿不饿,吃东西没有?"要是听说我没吃,周总理就说:"没吃,那就让值班卫士给你几个吃吧。"

"谢谢总理,我不饿。"我总是这样回答。最初看到周总理吃这样的夜宵时我感到有些不可理解,一个大男子汉,就吃几粒花生米当夜宵,能当什么事?随着时间的推移,每每见到周总理吃他那份独特的夜宵时,我的心就变得酸楚起来:一个国家的总理,每日十几个小时不辞劳苦地工作,饿了,就拿几粒花生米充饥,这让人感到太简单、太过意不去了。但周总理似乎是习惯了,每日办公依旧到很晚,花生米也依旧吃得很有味儿。

"文化大革命"以前,为了让周总理得到较好的休息,在星期天没特殊事情的时候秘书们就尽量不给他排日程,为的是让他身心都能得到一些放松。这时,周总理或者会和邓大姐去首都剧院看一场人艺的演出;或者会自费请中办警卫局服务处的同志来放部电影,招呼住在院里的工作人员和家属都来看;或者去看望他的老同学潘述伦;或者安排一些朋友、亲戚到家里做客。

周总理的客人多,他也特别喜欢待客,不管是来谈工作还是开会的,赶上吃饭的时候周总理都会热情地挽留:"别走了,一块吃个饭吧,今天我请客。"吃归吃,周总理却从不理财,饭费从他的工资里出,他也不知一个月花多少剩多少。有一次,周总理又留客人吃饭,照例还说是他请客。邓大姐听了就在旁边开玩笑:"怎么老说是你请客呀,你一个月有多少钱哪?你们是在吃我的,别以为是吃你的,不信咱们分开算算。"

"是吗?那就让大姐请你们吃饭。"周总理笑呵呵地说。

从1964年起,周总理和邓大姐的工资开始分开支配,果然,周总理的工资扣掉交党费及房钱、水电费、资助亲属和各种开销后一个月真剩不下多少钱(注:从1955年国家实行工资制以来到1976年

▲和朋友在家中相聚不亦乐乎

1 月逝世，周恩来每月工资 404.8 元，邓颖超是 343.7 元）。这一算，周总理有了点理财观念，从那以后，他虽然请客如常，但在留客人吃饭时，总忘不了特别声明一句："今天是大姐请你们吃饭。"

可惜的是，"文化大革命"开始之后，周总理就再也没有了星期天，老朋友们来得少了，周总理也更没机会去老同学家叙旧了，他的工作和生活习惯完全被改变了。不过就是这样，周总理也没忘了潘述伦和李玉茹老两口，他和邓大姐经常叫我去潘家看看，和老两口聊聊天。我知道周总理心里对老同学的挂念，回来后总要抽点空把去潘老家的详情讲给他听。

周总理比较注重仪表，平时，就是在家不出去，他也穿得整整齐齐，好像随时要出门的样子。更让人惊叹的是，无论冬夏周总理从不敞着领扣，就是在夏季很热的时候，他在家也要穿衬衫，接见外宾时就一定要穿制服。周总理喜欢穿灰色衣服，他见外宾或出国访问时就那几套衣服来回换，也从来不让用公家的钱做衣服。平时，周总理的内衣都是坏了就缝缝补补，有时把领子、袖口换换照样套在里面穿。有的衣服实在穿不成了，邓大姐就拿去改改又接着穿。

周总理对体育很关心，遇到有重大国际赛事，他每天必问比赛结果；周总理对乒乓球尤其感兴趣，平时很关心国家乒乓球队的情况。在周总理的办公室旁边有一个乒乓球室，里面的那张球桌很有些来历。那是第 26 届世界乒乓球比赛后，荣高棠和国家体委为了表示对周总理的敬仰，也感谢他对体育事业的支持，决定把争夺世乒赛团体冠军用过的台子送给周总理。当时周总理不收，荣高棠就动员我们办公室同志做工作请周总理收下，他说这球桌不是送你一个人，办公室同志也可以用嘛。就这样，这张球桌摆进了西花厅。

自从有了这个台子，周总理活动的机会多了，有时他会挥拍上阵，到活动室和工作人员打打乒乓球。在周总理的熏陶下，西花厅的工作人员会打乒乓球的不少，而且球技都有所见长。赶上周总理有闲暇又兴致好的时候，西花厅还会组织个小型的乒乓球比赛，比赛的奖品都是邓大姐拿出的个人物品。

虽然和周总理接触的机会很多，但我同他却只打过一次球。记得那次，本来我是站在旁边看球的，不料正在打球的周总理突然问我："赵炜，你会打吗？"

"会是会，但打得不好。"我实话实说。

"打不好没关系，练嘛。来，我和你打几拍。"总理"发令"了。

打就打，我抄起球拍就站到了球台旁边。和周总理一对阵，我就知道自己根本不是对手。周总理的球打得确实好，发出的球刁劲儿十足，连飘带转，闹得我只有捡球的份儿。为了不让周总理扫兴，打了几个球后我就甘拜下风退下阵来。从那以后，我再不同周总理打球了——不是没机会，而是怕影响周总理锻炼，但有机会我还是经常和邓大姐打打球。同邓大姐打球是件很开心的事，赢她比赢周总理容易得多。但事实上我和邓大姐打球时也很少赢，多半是供球让她多锻炼一会儿。

▲休息时周恩来喜欢打上几拍

▲ 望着爱妻，周恩来眼中充满温情

　　除了打乒乓球，周总理对别的体育活动几乎一概不参与，曾经有一阵他和工作人员学过打桥牌，后来觉得太费时间，也没正经学会。周总理也不会游泳，主要是因为他的右胳膊当年在延安摔伤后落下了毛病，无法自如地在水中划动。平时在西花厅，周总理最常做的运动就是散步和做操。周总理做的操无一定章法，都是他自己即兴发挥，无非是转转腰、伸伸腿、扩扩胸这样一些简单动作，往往几分钟就完事。

　　在平时的生活中，周总理喜欢把自己当成西花厅的普通一员，对于西花厅工作人员组织的一些活动也积极参与。50年代末期，由于大家工资都不高，和社会上许多单位一样，西花厅也成立了一个互助会，每月大家都存入一些钱，谁有急事就先用。当时，我们没把成立互助会的事告诉周总理，后来他知道了就主动要求入会，还说，我也是西花厅的一员，有事也要通知我嘛。后来，互助会解散时，有同志家里困难，先用的钱一时还不上，周总理、邓大姐和几个经济条件好一点儿的同志就没有要回自己的钱。好多年以后，只要一提起这件事来大家还非常感动。

# 西花厅的党支部

虽然周恩来总理在党内的职务是中共中央副主席，但他的组织关系一直在西花厅党支部。在这里，他和邓颖超大姐以普通共产党员的身份参加基层的组织生活，同时又对这个基层党支部的工作给予了很多特别的指导。所有这些，都在身为西花厅党支部委员的赵炜脑海中留下了深刻的记忆。

到西花厅后，我就开始同周总理和邓大姐一起过组织生活，但因为周总理工作忙，很多时候的活动他都无法参加，相比之下，邓大姐倒是经常参加支部的活动，还经常给我们讲党课。周总理常为自己不能参加支部大会感到遗憾，但他却明确地告诉过我们，他在家时支部

▼ 难得的轻闲

▲ 慈祥的目光

有活动一定要通知，有些重要的事情他一定要参与，比如党支部改选。可是，有时我们看到周总理太忙了，开会也就不通知他，有一次我就因为这事挨了周总理一顿批评。

其实那次党支部改选的时候，周总理正好在家，我们看到他忙于办公，就没有前去打扰。等会开完了，我跟在邓大姐身后到办公室去，经过周总理办公室时，邓大姐叮嘱了一句让周总理休息。正好周总理手头的事也差不多处理完了，就和我们聊起来。

"今天你们干什么了？"周总理顺便问了一句。

"党支部改选了，我们刚刚开完会。"邓大姐兴致勃勃地说。

"哦，今天支部活动，改选支委，怎么没有通知我？"周总理放下手中的文件有些不悦地问。

"总理，我们看您太忙就没告诉您。"我在大姐身后连忙向周总理解释，当时我是支部组织委员，改选投票恰好是我负责。

"你们这样想不对，"总理很严肃地说，"我有事儿不能参加会是要请假的，可你们不通知我就是你们的失职。我这个党员不能搞特殊，今天在家可以投票嘛。"

听周总理这样一说，我感到很内疚，站在那儿一时不知说什么好。看到我那副自责的样子，周总理的语调又温和了："既往不咎，以后开会可要通知我呀。好了，说说你们开会的结果吧，谁当选新支委了？"

听周总理这样一说，我心里又轻松了。"让赵炜给你介绍吧，她是组织委员。"邓大姐也笑呵呵地应道。

于是，我把几个人名告诉总理，还拿来纸请他也投票。周总理认真地写完选票后显得很满意，还同我开玩笑说："不错嘛，赵炜，以后在党支部里你就是我的领导，我拥护你们。"

"不，总理，您永远是我们的领导。"看到周总理一放松，我也没了拘束，又恢复了平日同他讲话的随和劲儿。

从那以后，党支部一有活动，我还真的都通知周总理，当然，大部分活动他还是因为国事繁忙无法参加。

# 难忘的几件事

有的人，一辈子只见过周恩来总理一两面，或只在他身边工作了很短一段时间，但却对当时的细节留下了十分深刻的记忆。原以为在总理办公室工作了许多年的赵炜脑海中关于西花厅的故事也一定会有不少，真没想到，她对于在周总理身边工作的许多细节却大都淡忘了。"经历的事儿太多了，有许多都是千篇一律的接电话、送文件，也没什么可说的。"她总是这样说。其实，这不难理解，她那么多年在总理身边做机要工作，已经养成了保密习惯，何况她当年在总理办公室按照要求不能留下工作记录或日记，如今以她70岁的高龄再回忆一些细节确实不是件容易事儿。但在周总理身边的工作内容毕竟十分丰富，这里记下的，就是赵炜记忆中难忘的往事。

在西花厅工作，周总理对我们的另一个明确要求就是做好保密工作，对平日接触的工作内容守口如瓶，不能对外讲的，对自己的妻子或丈夫都不能讲。

记得中国第一颗原子弹爆炸前夕，周总理交代主管项目的负责同志说：这次试验，参加的全体工程技术人员要绝对注意保守国家机密，试验的种种情况不能告诉其他任何人，包括自己的家属和亲友。周总理还当即表态说："邓颖超同志是我的爱人，党中央委员，但这件事同她的工作没关系，我也没有必要对她说。"原子弹爆炸前一天，正赶上我值班，周总理把我叫到他的办公室，当时他桌上放着一篇刚刚审阅完的稿件。周总理对我说："赵炜，这是一条十分重要的新闻，你把稿子送到新华社吴冷西社长那里，要亲手交到他手里，等到他看完再直接送到外交部。"

▲1964年我国成功地爆炸了第一颗原子弹，这朵蘑菇云令周恩来兴奋不已

"明白了。"我拿起稿件用信封装好。这时，周总理又再嘱咐了一句："这件事一定要严格保密，没见报前可不准向外吐露一个字呀。"

"请总理放心，我走啦。"我郑重地表态。

周总理点点头："好，你去吧。"

车子就在外面等着，我坐在车里，两只手紧紧抱着公文包，仿佛一松劲里面的稿件就会跑了似的。中国也要有自己的原子弹了，真是个令人振奋的消息呀。可现在原子弹还没有起爆，第一次试验能不能成功？

61

我心里有点打鼓。经过宣武门教堂的时候，从不迷信的我突然想从心里为这次原子弹能够爆炸成功祈祷。

从中南海到新华社不远，吴冷西社长看稿子的时候，我一直坐在他身边，两眼盯着他逐字逐句地仔细看，终于，等他看完了，我又把稿子收起来，驱车直接送到了外交部。

从外交部回来，我马上就向周总理汇报：稿子已经送到外交部了。周总理说："等明天的新闻吧。"此时，我心中虽然多了一个惦记，但回到办公室和家里却没说一个字。第二天一早，我迫不及待地跑去取报纸，太好了，第一颗原子弹爆炸成功了，报纸上头版头条登出了这条令世界为之一震的消息，西花厅里人们的兴奋劲儿就别提了。

那天我见到周总理，他的脸上一直挂着笑容。"成功啦，总理！"我兴奋地说。"成功啦，好！"周总理也高兴地说。

▼1966年周恩来视察某导弹基地，当导弹命中目标时，他兴奋地起身使劲鼓掌

在总理值班室，我还亲历了另一件大事，就是当年轰动一时的中国人民银行被骗20万元巨款的事件。

记得那是1960年春天（确切的日子应该是1960年3月21日），那天我值班。从一上班，电话就特别多，有时几部电话同时响，忙得我没一刻闲暇。快下班时，我接到一个电话，是中国人民银行打来的，打电话的人说，前几天有一个人拿着盖有总理办公室收文章的批件从银行提走了20万元人民币现金，他们要核实一下。

"总理办公室？提现金？"凭我多年在周总理身边工作的了解，这是一件根本不可能的事，所以我当时脱口就回答"总理办公室最近没收到过这类文件，请你们马上把那份批件送来"。对方一听就着急了，忙说："可他确实有周总理的亲笔签条，用的也是总理办公室的信笺呀。"我一听，更离谱了，这么多年，周总理从来就未曾给什么人写过条子让谁到哪里去取现金，这事肯定有问题，没准是遇上骗子了。"钱给了吗？"我也着急了。一听对方说钱已出库，我连忙说："坏了。你们等我汇报后再回电话。"

放下电话，我马上把这件事向办公室主任汇报，然后又汇报到周总理那里。果然，不出所料，周总理从来没写过什么批条，也根本不知道提现金的事。因为按照常规程序，周总理从不给某人直接批条到银行，他一般都是先批给当时的财政部长李先念。

"请公安部马上追查，决不能让国家财产受到一点儿损失。"周总理立即下了指示。

我回到值班室后又给中国人民银行打电话，明确告诉他们总理办公室不知道这件事，请他们把那件"总理批示"尽快送到公安部去检验查对。因为事关重大，我能感觉得到，对方接电话时紧张得语调都有点儿打战。

电话打完没多久，我下班了。那天正好是个周末，我和赵茂峰草草吃完晚饭，就去看郭老的话剧《蔡文姬》，因为茂峰喜欢郭老的作品。但是，因为下午银行打来的电话，我那天终于没有看完《蔡文姬》。

那晚，话剧刚刚演了一场，就有一个同志来到我们面前。"哪位是赵炜同志？"他低声问。

"我是。"

"请接一下电话。"那位同志说。

我想，准是办公室的同志打来的，一定是因为那笔钱的事。我来看话剧前就同他们说好，如果公安部要了解情况，值班室就打电话找我。现在果然不出所料，电话来了。

我和茂峰打了个招呼就出去了。

这时，那位同志才说："我是公安部的，对不起，我们有些事想找你了解。"

外面，一辆车正等着我，我们上车后车子直奔公安部大院驶去。

在公安部，我把接电话的经过逐句讲了一遍，又回答了他们一些问题，很晚，我才回到中南海。

庆幸的是，这个案子没几天就破了。那个胆大包天的作案人原来是外贸部出口局的一个科员，曾经见到过周总理的亲笔批示和签名。为了诈骗，他在外面刻了一个总理办公室的假章，又仿照周总理笔迹伪造了给中国人民银行总行的指示，银行的人一时没认出来，居然让他得逞了。那人取钱后将钱装在两个大麻袋里放在自行车上就驶走了，捉他归案那天，公安人员从他的床底下搜出了那 20 万元现金。这个人后来被以反革命诈骗罪判处死刑，这个案子属于 20 世纪 50 年代最典型的一个经济大案。

这件事过去好久，有一次我去总理办公室送文件，周总理谈到这件事还对我说："在我这里工作就是要警惕性高一点，否则给国家造成

▲在清华大学，周恩来亲自试驾微型汽车。他对新中国的汽车工业充满期望

重大损失我们无法向人民交代呀。"

虽然工作上周总理对我们要求很严格，但他从来不喜欢让别人叫他首长，也不愿意工作人员因为他的缘故而对客人有所不恭。记得有一次是一位从部队刚调来的军事秘书值班，那天周总理从外面回来路过值班室就进去问有什么急事没有，那位同志汇报完工作后像在部队一样习惯地说了句"请首长指示"，周总理马上说："不要叫我首长，更不要说我指示。"周总理还让这位秘书把他的意见转达给大家，"你就说是我的意见或是交代。"

还有一次，张奚若来西花厅开会，门口的警卫战士不认识他，就挡了一下，没让车子及时进来。张奚若到了前厅就对周总理说：你的门卫很严，不让我进来。周总理听了立刻向他表示了歉意。散会后，

▶ 1961年周恩来和傣族同胞一起欢度泼水节

周总理特意到值班室让我查查是怎么回事。他说："看起来谁来开会进门挡一挡是小事，但要是挡错了或出了什么样差错，影响可不是小事，尤其对党外人士你们更要注意，对人家态度不要生硬，要和蔼、客气，遇事要耐心、细致。"周总理的一席话让我很受感动，我立即去前面了解情况，回来后向周总理作了汇报。周总理听了说："要吸取教训，对于老同志，应当处处尊敬。"周总理处理这件小事的态度让我很受教育，从此，我在处理事情时考虑得更加仔细了。

# 周总理的保险柜与红电话

　　赵炜讲，周总理平时有两件东西是从不离身的，一件是他的那只老手表，另一件就是办公室和保险柜的两把钥匙。周总理的钥匙是几乎24小时不离身，平时他放在衣服口袋里，睡觉时就压在枕头底下，只有出国时才交给邓大姐保管。平时，周总理保险柜里的东西都是他亲自取放，至于里面放的是什么，连邓大姐都不知道。赵炜从1958年开始出入周总理的办公室，但她很少看见那个神秘的保险柜打开的时候。

　　"文化大革命"开始那年，一天，我给周总理送完文件刚要走，"你别走，还有点事。"周总理叫住了我。接着他从口袋里掏出那两把永不离身的钥匙问我："赵炜，你会开这个保险柜吗？"我虽然没开过总理的保险柜，但这么多年大大小小装保密文件的铁柜子也不知开过多少次，心想开这么个柜子又能难到哪儿去，就说："试试吧，大概没问题。""没问题？"周总理笑了，"给你试试。"说着他就把手中的钥匙递给我。

◀除了周恩来，他生前很少有
　人打开过这个保险柜

我拿过钥匙走到保险柜前，先端详了一下，就把钥匙插进锁眼按照开一般保险柜的方法试起来，谁知左转右转也没把柜门打开，急得我出了一头汗，我只好回头告诉周总理我开不开。

"怎么样，你不会开吧？"周总理抬起头说。

"不会开。"我老老实实地回答。

周总理走过来开始教我开保险柜，他指挥我动手，一会儿保险柜终于打开了。

"那里面有三个傅作义先生交来的存折，我昨晚带回来的，你数数看一共有多少钱。"周总理吩咐说。

我取出存折，把三个存折细细看了一遍，里面的钱还真不少，这是我长这么大都没见过的存款数字，我当时感到有些惊讶。

"有多少？"周总理坐在办公桌前问我。

▲ 西花厅的值班室

"不少，一共四万。"我加了一下总数回答。

"四万？不对吧，你再算算，看是不是少了个零。"总理说。

我当时在西花厅工作已经 11 年，再也没有了当年初生牛犊不怕虎的劲头，周总理让我算，我就认认真真地又算了一遍。

这一算，我脸红了，确实是少了一个零，我可真没想到存折里能有那么多钱呀。

我告诉周总理是 40 万，这次周总理没批评我。他说可以理解，你从来没见过这么多钱嘛。

周总理告诉我，这些钱是解放后国家给傅作义的一笔补贴款，让他接济当年一些生活困难的旧部下，可是因为多种原因没有发下去。现在傅作义怕这笔钱让红卫兵抄走给国家造成损失，昨晚就交给他了。

"你把这笔钱交到中国人民银行去，别忘了要个收条。"周总理交代我。

等我关好保险柜站了起来，周总理又问："你关好了？"

"关好了，总理。"我回答得挺自信。

"我就不信你能关好。"周总理说着就走到保险柜前亲自检查，结果他动了几下门就开了。"我说你关不好的。"周总理拿过钥匙，又认真地教我怎么把保险柜锁好，然后才把钥匙细心地收好。

我按照周总理的交代把存折送到中行，当时中行的副行长胡立教给我打了个收条，我回来也向周总理汇报了。后来，1982 年我陪邓大姐去上海，见到胡立教同志，他还同我开玩笑说："小赵。在你手里还有我打的收条呢，你可不要问我要钱呀！"

自从在保险柜里取过存折后，我就会开周总理的保险柜了，但我第二次开这个保险柜时周总理已经去世，我们是在清理他的遗物。说实在的，这次打开保险柜很出乎我的意料，因为那里面根本没有任何重要的东西，周总理是个保密意识很强心又很细的人，我猜是他住院前就把里面的重要东西做了安排。

60 年代初期，总理值班室的人更少了，除了我只剩下三四个同志，工作显得特别忙，有时我们三天就得值两个班。那时周总理出去开会和出差的时间很多，我和茂峰都在西花厅工作，因为有孩子，一般周总理出去时就都是茂峰和其他同志轮流跟随，我主要留在家里值班。为了方便工作，在周总理出差的时候，办公室主任就交代把值班的红电话暂时移到我家，有急事时可以随时联系。我知道，主任允许我把红电话移到家里，是对我工作的最大信任和鼓励，当然如此一来也是对我的照顾，因为这样我就可以不值夜班了。从那以后有好几次，只要周总理出差，值班室的红电话就移到我家。

现在回想起来，当时接听红电话时最紧张的就是接到主席处打来的电话，因此，我在接电话时，只要一听是主席秘书的声音就认真记录不敢遗漏一个字，接完电话就立即向周总理汇报。

▲周恩来办公桌旁的三部电话，中间那部就是直通毛泽东办公室的红电话

▲明媚的冬日

## 周总理和邓大姐的感情

在西花厅工作的时间长了，赵炜对周总理和邓大姐的了解也就更多了。让她尤为感动的是，虽然位居国家最高层领导人行列且日理万机，但周总理依旧不乏在情感方面表现出的细腻，这在他对邓大姐的关心上体现得尤为突出。

周总理习惯挑灯夜战；邓大姐身体不太好，基本上是同常人一样

▲1925年，周恩来、邓颖超夫妇在广州

工作生活。由于作息时间不一致，周总理和邓大姐经常一天到晚见不上面，早饭和晚饭更是很少在一起吃。但即使工作再忙，周总理也要尽量设法抽时间和邓大姐凑在一起吃顿午饭，就是实在没时间一起吃饭了，两人也要在西花厅的前院散散步，聊上几句家常。

平时，周总理从外面回来，最习惯的一句问话就是："大姐在干什么呢？"——周总理同别人提起自己的妻子时也是尊称她为"大姐"，只有他们夫妻间对话时才亲切地叫她"小超"。如果邓大姐没睡，他一般都要过去和她打个招呼，时间充裕了还会坐下聊几句。有时，周总理回来晚了，邓大姐已经睡下，这时他走路、说话的声音都会很轻，他是怕吵了大姐。

邓大姐身体不好，每次她生病周总理都非常关心，及时找医生护士了解病情，还总要抽出时间去看望安慰。有一天晚上，邓大姐吃了安眠药后就去卫生间洗漱，没想到那天药劲上来得很快，她一下昏过去了，护士叫了好多声也没叫醒。那天恰好周总理没出去，他闻讯从办公室跑过来，俯身在邓大姐床前连声呼唤："小超，小超，小超！"其关切之情溢于言表，让我们听了十分感动。好在那次邓大姐昏睡了一阵后就醒过来了，周总理悬着的一颗心才算放下。

周总理对邓大姐的关心还表现在一些细微之处，有一件事至今我还记忆犹新。那是 1962 年，邓大姐因子宫囊肿入了院，医生说得做手术，周总理就认真地向医生询问手术方案，一直到确认万无一失后才放心地签了字。

邓大姐手术后那些日子，日理万机的周总理每天都要抽空去医院看看，哪怕是利用去机场接外宾前或者开完会后的短暂时间在邓大姐的病房里坐上一小会儿。有时，实在抽不出身了，周总理也一定会托人打电话问候一下邓大姐当天的病情，这样的情况一直坚持了很多天。

有一天，我正在值班，从窗子里看到周总理踱步到值班室门口，

第二章 ■ 西花厅岁月

73

盯着门前的高台阶若有所思。

"总理，有什么事吗？"我连忙出去问。

"大姐快出院了。"周总理说。

"真的？那太好了。"我高兴极了。

听说邓大姐快出院了，屋子里几个年轻人也都跑了出来，大家围着周总理表示祝贺。

"虽然可以出院了，但大姐的身体还很弱，这么高的台阶迈上迈下她的伤口恐怕受不了。"周总理看看眼前的高台阶若有所思。他想想又接着说："哎，能不能请你们帮助一下大姐，实在不行就把她抬过去。"

"没问题，总理，这事您就放心吧。"我们几个年轻人异口同声向周总理保证。

"那就谢谢大家了。"周总理高兴地说，好像了却了一块心病。

回到值班室，我们就开始讨论最佳方案——既要让邓大姐能顺利进入后院，又不会碰痛她的伤口。后来，我们准备了一把藤椅。邓大姐出院那天，车子把她一直拉到值班室门口，我们搬出藤椅，两个小伙子抬着邓大姐就过了高台阶，当时周总理在旁边一直连声向大家表示感谢。

曾经有人问过我，难道周总理和邓大姐在这么多年的共同生活中就没发生过一点矛盾？细细想起来，周总理和邓大姐之间也有过小小不言的矛盾，后来据邓大姐告诉我，他们的矛盾有政治上的，也有生活上的。但是，就我在西花厅和周总理与邓大姐的接触，从未听到过他们有过只言片语的真正争吵，20多年来我只见他们两人动过一次气，可见周总理和邓大姐都是很善于解决双方之间矛盾的。

周总理和邓大姐动气那次是在1973年的冬天，那时我已经是邓大姐的秘书，但同时又兼顾总理值班室的工作，同他们两人在工作、生活上接触都很多。那天，我吃完晚饭照例走进客厅陪邓大姐说会儿

▶1938年，周恩来、
邓颖超夫妇在武汉

话，到门口时正遇上周总理往外走。当时周总理的表情很严肃，让人一眼就能感觉出他心中有股尽量压抑住的气恼。见到我，周总理只说了一句话："赵炜，你在这儿陪陪大姐，安慰她一下。"说完就往外走，他要去开会。我当时不知道周总理和邓大姐之间发生了什么事情，但看到周总理那副生气的样子心里也有些发毛，就忐忑不安地进了客厅。

客厅里，邓大姐正在饭桌前手扶着椅子呆呆地站着，也是一副十分生气的表情，看来她和周总理是因为某件事真的动了气。我没敢，也不想问邓大姐是因为什么生气，只是悄悄地走到她身边。

"大姐，别生气了，坐下歇会儿，咱俩聊聊天吧。"我轻声劝慰着，扶住她的肩头。

◀周恩来、邓颖超夫妇
结婚15周年纪念照

　　看到我来了，邓大姐生气的表情有所缓和。接着我们就坐下来，邓大姐坐在桌子东边，我坐在西边，慢慢聊起天来。为了缓解邓大姐的情绪，那天晚上，我请她讲讲她早年同她妈妈一起的情况——因为每次回忆起她妈妈，邓大姐都会十分开心，这容易让她忘却烦恼。

　　果然，这一招奏效了，没过一会儿，邓大姐的情绪就完全稳定下来，开始讲述起往事。

　　第二天，我再见到周总理和邓大姐的时候，看到他们两个都很坦然，说话举止与平常一样，如果不是亲眼所见，根本都感觉不出来他们之间昨晚生过气。我一直也不知道那次周总理和邓大姐相互之间生气的起因是什么，但从那以后，我再没见到他们两人动过气。

说起来，周总理和邓大姐的感情算是很深的，但是作为身居高位的领导人，他们却公是公、私是私分得很清楚。比如，平时周总理和邓大姐的聊天范围很广，从一般老百姓关心的国家大事、谈书评剧到熟人朋友、家常话题无不涉及，但却从不会谈到一些没公开的机密事件，尤其是那些周总理认为邓大姐不该知道的事情，绝不会对她透露一个字。有很多重要的事情，周总理可以和有关秘书谈，但是却决不会对邓大姐说。记得在第一颗原子弹爆炸几年之后，我有一次和邓大姐又聊起这件事，说周总理的保密工作做得真好，邓大姐说，嗨，那算什么，当年南昌起义，生离死别时他走前都没跟我漏一个字儿。

据邓大姐回忆："1927 年恩来是党中央负责人之一，中央决定派他去领导南昌起义时，他甚至一直都没有告诉我要走的事儿。直到

▶1938年，周恩来、邓颖超夫妇和美国作家埃德加·斯诺在武汉珞珈山

▲1946年，周恩来、邓颖超夫妇在南京梅园新村

7月19日吃晚饭前，他才对我说了一句：'今晚要动身去九江。'去九江干啥，什么时候回来？他没讲，我也没问，我那时也习惯离别了。走前，恩来紧紧地握着我的手，没有再说一句话，他当然知道这次行动的性质，在那样白色恐怖的岁月里，每次生离都意味着可能就是死别呀。"

　　还有一次，邓大姐在填表，她一边填一边同我说："当年我和恩来入党的时间不同，又不在一个地方工作，我们谁也不知道对方是什么时间入党的，这在当时的纪律中是不能说的事儿。那时候，在我们的相互通信中从来没提起过这些事儿，只是谈自己谈朋友谈革命理想，直到恩来回国后经过组织的沟通，我们彼此才知道大家都是党员了。"说完这些，邓大姐看看我。她可能觉得我的表情很诧异，就补充说："唉，我这样说你也许根本不相信，可事实就是如此，作为党员，我们始终遵守着党的教导：不应该说的事儿不要说；不应该问的事儿不要问；不应该看的文件不要看，这是党的利益的需要，我们几十年来都是这样做的。"我本来就是做机要工作出身，当然懂得保密的重要性，听邓大姐讲起她和周总理之间的保密往事，对自己工作性质的理解就

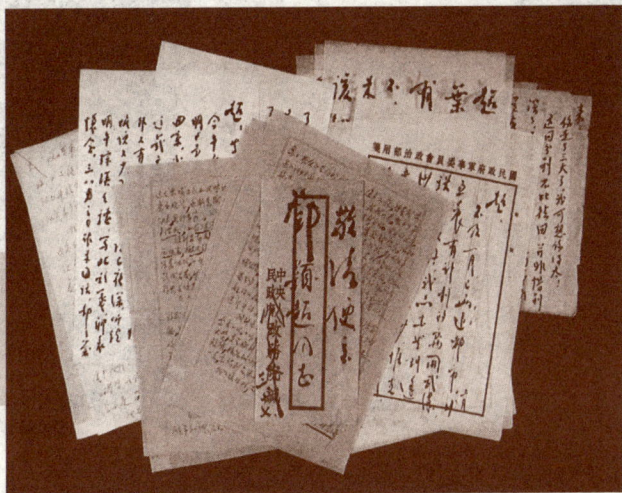

▶ 周恩来和邓颖超的通信

▲ 周恩来、邓颖超夫妇结婚25周年纪念照

更深了。

在我的记忆里，只有一次是邓大姐主动向周总理提出问题。

那是"文化大革命"初期的事，当时大街上各种各样的大字报很多，小道消息满天飞，我们工作人员有时上街看看听听，回来就把听到的和看到的告诉邓大姐。有一次，周总理出去开会一天一夜没回家，没等他回来，街上的小道消息已经透露了会议的内容，我当时听到就告诉了邓大姐。等周总理回来，邓大姐问他有没有这回事，周总理马上反问：你怎么知道这事？听谁说的？邓大姐开着玩笑说："你参加会议，有你的渠道；我联系群众，有我的渠道，我有义务情报员。"周总理听了，知道是会议消息已经传到社会上，他既没有承认也没有否认，和邓大姐对视一笑这事就算过去了。

说起来，邓大姐对周总理的照顾也是很细心的，平常周总理工作忙，两人见面的时间短，大姐就尽量想别的办法和周总理沟通，同时让周总理能够接受她的关爱。邓大姐照顾周总理采取的方式有三种：打电话给周总理督促他休息或者让卫士提醒，再不就是自己写个条子催——这种方式在同居一隅的两夫妻之间不能不说是件很有趣的事儿。

平时，邓大姐对周总理零打碎敲写的条子也不少，当时我们见惯了，也没有当成重要资料保存，因此，现在只有茂峰还留着几张邓大姐催周总理休息的条子，我手里现在只留着两封邓大姐给周总理的信。

邓大姐的第一封信写于1962年元旦，用的是打油诗体裁，那段打油诗是这样写的：

对恩来的建议

工作活动，定额定量；睡觉提前，改进质量；

早餐适增，维持体力；坚持运动，增强体质；

定量饮酒，坚守有益；掌握规律，严防发病；

紧松兼顾，劳逸结合；保护健康，持续工作；

时代任务，需要负担；衷心建议，切望采纳。

恩来努力，颖超书赠。

第二封信是 1967 年 2 月 27 日邓大姐给周总理提的书面意见，这份意见书开始是她自己写的，后来写累了她就口述，让我接着记下来。信中说：

恩来，关于你身体的健康，你可能坚持工作，为党工作得更多、更好、更久一些。由于你年岁增长，身体力行情况出现变化——主要器官出现了显著的症状——又由于党内外很多关心你的人嘱托，再由于我对党对革命和对你的责任，我年复一年的，对你的生活照顾，健康的维护是有增无已，可说做到无微不至的关怀。对你的思想上、政治上、工作上，近几年比过去尤加关切。只要有机会，就我力所能及，我向你提意见。我这样做，为的是我死在你之先时，我对得起党、对得起人民、对得起你、对得起自己。如果，我死在你之后，也不至于感到抱憾或遗憾。你是否也需要从党的利益和需要出发，对你身体的变化加以应有的重视和维护。

在被动的前提下，力争运用最低的主动性，不是完全没有可能的。问题是在于你没有主动的有意识去做。就以你对工作的安排和为了工作而稍休息的可能，有时是可掺点主动的，有短暂可能的。对此，我不只一次常从旁给你提意见，有时，你接受了，也有时加以拒绝，甚至引起你反感。致使你仅有的短暂一点点主动性也从而丧失掉。如有不妥和不同意之处，希望见告。（注：原信如此，未做任何标点及文字修改。）

▶ 相依的幸福

　　信写好后，邓大姐让我将信送到了周总理的办公桌上，谁料第二天就收到了周总理的回复。周总理写的字条说"颖超：你的信，我一回来就读了。良药苦口利于病，忠言逆耳利于行。我定把它当作良药，接受你的忠告。"在信的右下角，周总理还端端正正地签上了"周恩来"三个大字，落款日期是 1967 年 2 月 27 日。

　　在繁忙的工作中，周总理和邓大姐这对老夫妻，就是用这种两室飞鸿的独特方式相互表达着关心和爱意。

▲ 夫妻交谈

## 周总理严待自己和亲属

　　周恩来和邓颖超没有儿女，但亲戚却不少。在周邓两家的亲戚中，邓颖超只有一个侄子，那侄子在解放后来过西花厅两三次，也没对周总理和邓大姐提出什么要求，这一直让邓颖超感到很欣慰。相比起来，周恩来家的亲戚就多一些，需要的经济帮助也多一些，他们中的很多人都直接得到过周总理和邓大姐的经济资助，有些资助甚至一直维持了许多年。作为陪伴邓颖超多年的秘书，赵炜曾直接经手和见证了多次周总理夫妇对亲属的资助，周总理夫妇严于律己的模范行为给她留下了深刻印象。

在周总理身边的工作人员都清楚，他不仅对工作人员要求严格，对自己和家里亲属的要求更为严格。比如，对于在国内视察，他就有个不成文的规定：不准省市领导人去车站或机场迎送；不准宴请和陪餐；吃饭时两菜一汤，不准酒水招待，不吃高级饭，不准摆水果；去公共场所不准封园闭店，也不要戒严。不仅如此，周总理经常出去连茶叶都是自备的，走到哪里都是尽量不花公费。

平时，只要有时间，周总理就要检查他的个人支出交费情况，他这样做倒不是看花了多少钱，而是要查查自己是不是受到特殊照顾。1964 年的一天，周总理突然问起，他的住房交费是多少？因为我们都不清楚这件事，周总理就让我把国务院秘书长周荣鑫找来，具体了解西花厅他住房的平方米数和交费金额。周荣鑫告诉了他，周总理一听交的钱数就批评了周荣鑫，说自己交的房租少了，不合理，并且一定要补交。他说我住房就应该交房钱嘛，不能让国家受损失。其实当时周总理也在西花厅办公，按规定办公室和客厅都可以不交费用，可周总理却不答应，一定要在自己的房租里把这部分也补上。

记得我刚到西花厅那年冬天，看到从后院走出一个不大的男孩子，赤脚穿着一双拖鞋，衣服也很单薄，手里端着一只小锅，一个人静静地往食堂走。"呦，那是谁家的小孩儿呀，穿得那么少？"我有些奇怪，心里存了个疑团。后来，我才知道，那男孩儿是周总理的侄子。

▶ 周恩来的艰苦朴素作风人所共知，这是他穿过的袜子和他补袜子用的袜板

▲ 和孩子们在一起

周总理自己没有儿女，但一直抚养着他弟弟的几个孩子，这些孩子平时在寄宿制学校，星期天和节假日有时就回到西花厅。对自己的侄儿侄女，周总理一直要求很严，从小就让他们到工作人员食堂用餐，也从不带他们参加中南海举行的任何晚会。周总理还经常告诉他们："不要向人家说起和我的亲属关系，别人知道这种关系对你们没好处，有的人会给你们特殊照顾，这样不利于你们的成长；碰上别有用心的人还会钻空子。"就这样，在周总理家里，不论哪个孩子来到西花厅，绝大多数时间都是在大食堂吃饭，周总理的办公室更是根本不让他们进去。

周总理有一个侄子，1964年从北京钢铁学院毕业后留校任教，不久，他娶了原籍淮安市的一位女教员。当时，钢院考虑到他们夫妇两地分居不方便，就想把女方调到北京工作。

▲周恩来和亲属一起用餐

有一天，这夫妻俩来看周总理，周总理详细地问了问他们的工作生活情况。当得知女方要调到北京时，他就对侄子说："照顾夫妻关系为什么只能女方调到北京？你调回去也一样嘛。我看，如果没有什么特殊原因，还是你调回去比较好，不要因为你是我的侄子就特殊。"邓大姐也说："听伯伯的话，你们回去比较好。如果回去后有什么困难就随时提出来，我们会帮助你们。"周总理的这个侄子很听话，他让妻子仍回到原籍教书，没多久自己也接受了周总理的建议，调回原籍工作了。

"文化大革命"初期，全国掀起知识青年上山下乡的高潮，周总理有一个侄女也赶上初中毕业，去了内蒙古牧区插队。过了一两年，又掀起一股参军热，很多干部的孩子都想方设法当了兵。恰在这时，周总理的小侄女来到西花厅看他。那天，那孩子穿着一身没戴领章帽徽的崭新军装，

▲周恩来总理在中南海里推儿童车

兴致勃勃地告诉周总理自己当兵了，现在正在北京黄村的新兵连集训。

"你是怎么当兵的？"周总理问她。那孩子说是通过正当手续当的兵，保证没走一点儿后门儿。听侄女这样一说，周总理当时没多说什么。

等侄女走了，周总理就把他的卫士乔金旺和我叫了过去，让我们向有关部门了解一下他的侄女到底是怎么当兵的。按照周总理的交代，我给有关部门打了电话，了解到他侄女确实是从基层通过一道道手续当的兵，没有走后门儿。我把了解的情况向周总理汇报了，满心以为这下他可以放心了。

听完我的汇报，周总理半天没有说话，但是他也没让我走。等了好一阵，周总理终于说话了。谁料，他做出了一个令我们所有人都吃惊的决定：无论这孩子是怎样当的兵，都得动员她回内蒙古继续插队。

"总理，用不着吧，她手续齐全也没走后门儿，就让她在部队锻炼锻炼。"我曾经试图劝周总理改变他的决定，毕竟，在那个年代能当上兵对一个二十多岁的年轻人来说是件很重要的事。

"到牧区也一样锻炼嘛。"周总理说这话时显得很严肃。待了一会儿他又说："虽然她是按正当途径上来的，可不知道的人还会以为是因为我的关系她才当的兵，这样我以后不好做工作呀。"

我知道周总理的脾气，他决定了的事儿谁也劝不动，也就不再说什么，只好把周总理的决定向他侄女转达。那孩子倒也通情达理，说伯伯让我回去我就回去吧。

"赵炜、乔金旺，这件事儿交给你们，有便车时你和乔金旺把她送回去，免得尤太忠抹不开面子又把她留下。"当我向周总理汇报他侄女已经同意回内蒙古时，周总理又给我布置了一个新任务。

几天以后，正好听说北京军区有车要回内蒙古，周总理就让我们送他侄女走。临行前，周总理和邓大姐在西花厅又见了侄女一面，对她说了许多鼓励的话，就这样，周总理的侄女脱下了那身还没穿热的新军装。

那天，下着大雪，气温也很低，我和乔金旺上午去了黄村，向北京军区的领导同志转达了周总理的指示，又亲眼看着周总理的侄女上了一辆军用吉普，直到车子开动好久，我们才往回走。回到西花厅，我向周总理邓大姐汇报了送他侄女走的一些情况，周总理听得很认真。

当时，我还觉得周总理对自己的亲戚太严格了，过了一段日子，我才体会到他这样做的良苦用心。那阵子，周总理身边的一些工作人员也想方设法让子女当了兵，周总理和邓大姐总是一个个加以劝说，告诫他们不要利用在西花厅的工作关系搞特殊。

虽然周总理对亲属要求很严格，但在内心里，他和邓大姐对于那些肯听话，能支持他工作的侄儿侄女却是给予了更多的照顾。像周总理那个在原籍教书的侄媳妇，邓大姐一直对她都很关照，要看病帮助找医生，生活困难也多次给予资助，这种关照一直坚持到邓大姐去世。而对于那个脱下军装的侄女，邓大姐给予的关照就更多了。每年她从内蒙古回来，邓大姐都要给她些零用钱或买几件衣服。当时买布得用布票，每个人一年都有定量，有时候邓大姐的布票用完了，她就向我们工作人员借。后来，周总理的那个侄女在内蒙古成了家，欠下几百元钱，以她当时一个月几十元钱的收入，很难还清那笔债务。有一次，她来北京，我问她有什么困难，她就和我提起这件事儿，我告诉了邓大姐。听说侄女有困难，邓大姐什么也没多问，立刻拿出几百元钱让我给她。我知道，她是从心里不愿委屈了那些听话的孩子。

周总理还有一个侄子，以前在国民党部队里当过兵，沾染了很多恶习。解放后，他在山东又到处乱吹自己是周恩来的侄子，还在20世纪60年代初犯了一些很严重的错误。周总理知道后，几次让办公室给当地有关部门写信，提出对他侄子要劳动教养。周总理还特意让有关部门转告他侄子："要老老实实接受改造，把自己改造成新中国的好公民，如果不痛改前非，就不再认他是我侄子。"在对侄子严格要求的同时，周

▶ 大型音乐史诗《东方红》是在周恩来的亲自关怀和指导下诞生的，1964年10月，周恩来总理接见参加演出的全体演员

总理还特别强调，如果侄子家生活有困难不要由政府补助，有什么事情要告诉他，由他自己出钱照顾，不要增加政府的负担。信发出后，当地有关部门没有及时把情况反馈回来，周总理和邓大姐不放心，又几次让办公室催问。周总理、邓大姐对这个侄子的母亲也一直十分关心，他们对她的补助关照一直持续到她去世。

　　既严格又关心，这是周总理对自己亲属的一贯原则。20世纪80年代，我在整理周总理的一些遗稿时，还发现过周总理给家乡政府部门的一些信件，内容多是对自己亲戚的一些私事的处理。周总理在处理这些私事的过程中一直强调费用由他个人负担。

　　周总理有一个姆母，20世纪50年代患了重病，一直在淮安县人民医院住院，1956年月10月，淮安县人民医院给周总理写了一封信，报告了他婶母的病情，周总理收到信后没几天就给当地政府写了回信，信的全文如下：

淮安县人民委员会：

前几天接到县人民医院一信，知我婶母的病最近又重发，陶华来信说你们也常派人去看望和给治疗，谢谢你们亲切的关心和照顾。

我婶母的病我知道无法治疗，今后一切治疗还要麻烦你们（请县人民医院治疗好了），不要向外地转治。如果治疗无效，一切后事也请你们代为办理。但要本着节约和简朴的精神办理。现寄去人民币贰佰元，作为治疗和办理后事的费用，如不够时请你们先垫付，事后来信说明支付情况，我再补钱去。此致

敬礼！

周恩来（盖章）

一九五六年十月二十九日

（此信请人民医院负责同志一阅，不另附信。）

周总理的婶母1956年底去世后，他怕以前寄的钱不够，又嘱咐办公室给地方去信，请他们把费用单据寄来，并由自己的工资补齐差额。后来，周总理的弟媳陶华患病，他也多次把医疗费直接寄给县医院，我在整理东西时就发现淮安县给周总理寄的54.28元的医疗费单据和周总理让办公室帮忙汇钱时列的应付款清单。

在周总理的原籍有几间老屋，淮安县政府几次想把这些房子重修一下，周总理知道后坚决反对重修。这件事我在总理办公室工作时曾听说过，但对细节了解不多，直到我在邓大姐身边工作后，才对周总理的家事有了更多了解，这一方面是因为邓大姐同我讲了很多情况，另一方面是后来有些事都是周总理和邓大姐交给我办的。

1992年，我在清理文件时，发现了几封周总理、邓大姐给家乡政府写的信，读后感触特别深。其实，早在1958年，周总理就亲自写信给淮安县政府，认为修房之事"万万不可"。周总理在信中这样说：

解放初期，县府曾经重修我家房屋，我已经万分不安。当时，我曾考虑过将这所旧屋交给公家处理，但由于我家婶母还在，又恐房子交给公家后，公家拿它作纪念馆更加不好因而拖延至今。

现在正好乘着这个机会，由我寄钱给你们先将屋子漏的部分修好然后奖（除）陶华住的房子外的全部房院交给公家处理，陶华也不再收房租。此事我将同时函告陶华，并随此信附去人民币50元，如不够用，当再补寄。

在公家接管房院后，我提出两个请求：一是万不要再拿这所房院做纪念，引人参观。如有人问及，可说我来信否认这是我的出生房屋，而且我反对引人参观。实际上，从我婶母当年来京谈话中得知，我幼时同我寡母居住院的房子早已塌为平地了，别人传说，都不可靠。二是如公

▲淮安县城

▲ 周恩来故居外景

家无需要，最好不使原住这所房子的住户迁移。后一个请求，请你们酌办；前一个请求，无论如何，要求你们答应，否则，我将不断写信请求，直到你们答应为止。还有，我家有一点坟地，落坐在何方，我已经记不得了。如淮安提倡平坟，有人认出，请即采用深埋法了之，不必再征求我的意见，我先此函告为证。个人家事，麻烦你们甚多，谨致谢意。

　　周总理的这封信寄到淮安后，在当地政府和百姓间引起很大震动。遵照周总理的意见，淮安县政府也没有再修他老家的房屋。

　　然而到了1973年，淮安县不知怎的又想起要修周家的老房子了，这件事传到周总理耳朵里，他十分着急。

　　那年11月4日，周总理把我叫到他的办公室，交代我马上请国务院办公室的吴庆彤同志立即给淮安打电话传达他"不准修房"的意见，吴庆彤当即给淮安县委的一个副书记打了电话。后来，周总理听说淮安县准备将他家的老屋修缮后作为图书馆后，又让我转达了他的

▲周恩来少年时代读书的地方

三点指示：第一，不许维修；第二，不许动员院里的住户搬家；第三，不许让人去参观。其实，淮安县早在"文化大革命"前就已经准备把周总理家老屋的东院改做图书馆，而且已经占了三间当作书库，这回听了周总理的指示，他们决定停止施工。淮安县还报告说，县里没组织过参观周总理故居这样的活动，但还是有远道而来的参观者。现在他们已经决定，要对工作人员进行教育，不随便带人到那座院子参观，对外地的要求参观者也一概拒绝。这件事，直到吴庆彤办后写了汇报，周总理才放心了。

1976 年，周总理去世后，淮安县又把修周总理故居之事提上议事日程。周总理的侄子周尔辉听到消息后立刻给邓大姐写信告知了这一情况。邓大姐接到信后十分不安，她无论如何也不愿意违反周总理生前的意愿，便亲笔给侄子周尔辉、侄媳孙桂云和淮安县委的领导写了一封信，千叮咛万嘱咐不许修房子。

邓大姐在信中强调："关于整理修建你们的伯伯周恩来同志故居一

95

▲ 周恩来出生的老屋

事，你们及时告知我，这样做很好，你们的三点意见，也是正确的，既遵循周恩来同志生前一贯的主张，所采取坚决反对的立场，同时又照顾到当前形势，从全局、从大局出发，要求县委停修的做法我完全同意。中央亦无此项安排。我作为周恩来同志的家属，作为一个共产党员，我恳切地要求县委同志，立即停止修建之事。并以此信层层传达，避免今后再出此事。"邓大姐还说，关于修建周恩来同志故居之事，周总理在世时曾多次阻止，恳请县委领导同志们最好能遵照死者的意见办，以作为对他的最好纪念。鉴于当地群众要求建周总理故居的要求很强烈，邓大姐要求他们多向群众做解释工作，说服他们。邓大姐还说她对那些能够理解并执行周总理生前愿望的干部群众表示感谢。在信的最后，大姐再次要求县委的同志们批准她的请求，同时希望得到一个肯定答复。

　　遗憾的是，邓大姐的这次请求没能得到当地政府的支持，淮安最终还是决定重修周总理故居。对此，邓大姐显得有些无奈，但她没有再说什么，生前也没去参观过周总理的故居。

# 周总理对我家的关心

随着岁月的流逝，周恩来和邓颖超对赵炜一家的了解越来越多，他们的关系也更为亲切和自然。赵炜和老伴赵茂峰常回忆起许许多多周总理和邓大姐同他们一家度过的快乐时光，一句问候，一次玩笑，都使他们从周总理和邓大姐身上感受到一种来自长者的慈爱与关心。周恩来和邓颖超没有子孙，但在赵炜的一双儿女身上，夫妻俩却享受到了无比欢愉的天伦之乐。

和周总理在一起接触多了，周总理对我们的了解也越来越多，时不时地还要同我们聊聊家常。周总理的记忆力特别强，工作人员到西花厅，他都要问问是哪里人，问完了就不会再忘记。有一次，周总理在西花厅外院散步，看到我突然问道："赵炜，你们家是不是满人？"

"不是呀。总理，您怎么会想到我是满人呢？"我很奇怪总理为什么会出此一问。

"不是？不会吧。"周总理似乎特别胸有成竹，"东北姓赵的满人多。"

"可我们家不是满人，要不我怎么不知道？"

"可能是你出来太早，不清楚，有机会你问问你爸爸。"周总理坚持说。

我不明白周总理说我是满人的根据是什么，但当时又无法提出有力证据反驳，这件就搁了下来。后来，我真给我爸爸写信问起过此事，我爸的答复十分肯定，东北姓赵的满人是多，可我们家不是。知道答案后，我一直想找个机会告诉周总理，但一看到他每天那么忙，很多次话到嘴边就又咽了回去。我想，周总理恐怕早就把这事儿忘了，他当时不过是问问而已。

没想到，有一天我到周总理办公室，他刚好批完文件在看书，见我进去又提起了多日前那个老问题。

"赵炜，你问你爸爸了吗？"没等我回答，他又接着说道："你们家肯定是满人。"

"总理，我真问过我爸爸了，我们家还就真不是满人。"我笑着告诉他。

"真的不是呀？"周总理显得有些惊讶。

"总理。您为什么硬说我是满人，我像吗？"这回我一定要问个水落石出。

周总理笑了："那是我搞错了。"原来，周总理看史书知道东北三

省赵姓满人比较多，就在西花厅中做了个小调查。恰好，西花厅有个姓赵的护士祖籍是吉林，她就是满人，周总理据此想到我大概也是满人。

周总理是个细心人，平时对我们的关心也特别让人感动。记得1959年时，北京市各机关第一次给工作人员检查转氨酶，恰好检查那天我刚下夜班，年轻不知累，平时下夜班再加个上午班连轴转也习惯了，于是一点没休息就跟着大家一起去验血。谁知等到结果一下来，我的转氨酶高，医生要我吃药休息，还给开了一个月的假。我当时心里挺着急，值班室的人本来就少，要是我再休息一个月，那大家不是都要增加工作量啦？可医生非让休息，我也怕转氨酶真下不去就惨了。后来，我想了个折中的办法：只上白班，不值夜班，还可以分担一些值班室的工作。

◀1966年3月河北省邢台地区发生强烈地震，周恩来总理在震后来到灾区慰问。总理的到来，使灾区人民感到有了主心骨

因为只上白班，那些日子周总理晚上回来时我就基本见不到他了。有一天，周总理正好从外面回来遇到我，他马上就问："赵炜，怎么好多天见不到你了？最近也没见你值班。"

我赶忙告诉周总理最近不能值班的原因。周总理就安慰我说："对病不要怕，对医生的话要信，但也不要全信。对病，从战略上应当藐视它，从战术上应当重视它，不要有负担，如果怕得很就不好了。"我和周总理又聊了几句，周总理说："一个人总是要生病的，但重要的是用什么态度对待疾病。我看你不像有病的样子，没什么可怕的。但是，医生让吃药还得吃，让休息还得休息，过些日子复查后我看你会好的，我就不相信你转氨酶高。"嘿，这次还真让周总理给说着了，过了段时间我去复查果然一切都正常，我又开始值班了。那天，见到周总理，我顺便向他报告了检查结果，他一听高兴地说："我虽然不是医生，可早就给你下了结论，你转氨酶不会高，我看得准吧！所以说还是那句话：对医生的话要信，但又不可全信。"说完，周总理和我都笑了。

周总理不仅关心我的身体，还时刻关心我的家庭。我丈夫赵茂峰是个内向的人，平时话不多，但办起事来却十分稳妥，大家都叫他"老蔫"。茂峰爱看书，周总理有什么要查的史料典故就都找他，有一次，周总理还当着来访的客人介绍：茂峰可是我们西花厅的土秀才。周总理喜欢"土秀才"，却总怕我欺负他，一天晚饭后，周总理歇凉时看到我们两人在院里，就招手让我过去。

我以为有什么事，连忙问："总理，您有什么事儿？"

周总理指着茂峰说："我告诉你，赵炜，茂峰老实，你可不能欺负他啊。"

我赶紧辩解："总理，我从来没欺负过他，我们家讲民主。"

"是吗？"周总理把头转向在一边笑呵呵的邓大姐，"你说赵炜会不会欺负茂峰呀？"嘿，听他那口气，还真替茂峰担心呢。

"我看赵炜不会。"邓大姐替我打了保票。

"哦，那就好。"周总理听了邓大姐的话总算放心了。

　　我和茂峰的工作都很忙，我们的儿子赵珂小时候就送全托，到了周末我就把他接到西花厅来。周总理特别喜爱孩子，每次散步时见到赵珂就会拉着他的小手在院子里转转，赵珂也会把在幼儿园学到的新歌谣一首首地唱给周爷爷听——虽然当时西花厅工作人员的孩子都喊周总理为周伯伯，可我一直坚持让自己的孩子叫周总理和邓大姐为周爷爷、邓奶奶，我觉得这样才符合辈分。后来，我给邓大姐当了秘书才知道，如果他们的孩子活着比我还大几岁呢，看来，我让孩子叫爷爷奶奶是对的。赵珂每次和周总理一起散步时都特高兴，有时不肯和

▲海棠花开时节

我们说的事都悄悄告诉周爷爷，周总理就这样在与孩子交往的无拘无束中也得到一种身心的放松。

还有周总理关心我们家的一件事，给我留下特别深的印象。

那是 1966 年 3 月，河北省邢台地区发生了大地震，而茂峰的家在正好处于震中的宁晋县。地震后我们一直没收到家信，十分担心亲人的情况，但这种担心在周总理跟前我们从没有流露出一丝一毫。谁能想到，日理万机的周总理也在惦记着茂峰家人的安危，有一天他特意把茂峰叫去问道："茂峰，你家地震后怎么样了呀？"

"还没收到家信，我还不知道呢。"茂峰实话实说，语调里流露出对家人的担忧。

当时，周总理没有再说什么，脸上的表情很严肃。

几天后，茂峰家里来信了，说人无大碍，我们都舒了一口气。茂峰说："总理一直关心着咱老家的人呢，得把好消息告诉他。"我说："你干脆把信给总理拿去吧。"茂峰摇摇头，"信太长，耽误总理的时间。这样吧，我给写个摘要报告总理，谢谢总理的关心，请他老人家放心。"于是，茂峰就给周总理写了张汇报字条：


总理：

首先感谢总理对我家里的关怀，今晚接家信称：这次地震，我家的房屋都倒塌了，由于救得快，人没有发生大的事故，特此报告。并再次感谢总理的关怀。

赵茂峰


茂峰把字条放到总理办公桌上，总理看了字条后很高兴，还习惯地在他的职务上画了个圈。后来，这张珍贵字条被我们细心地保存起来，它是在发生不可抗拒的大自然灾害面前，共和国总理关心一个普

▲ 地震后周恩来总理在赵茂峰的家乡——宁晋县东旺公社视察

通受灾家庭的真实写照。

不久，周总理要去邢台地震灾区视察慰问，茂峰也跟着周总理一起出行。按计划，周总理要去视察的地方正是茂峰的家乡宁晋县东旺镇。临行前，周总理关心地问茂峰，是不是一块回去看看？

茂峰说："我就不去了，在火车上值班吧。"

陪周总理视察但是不回家这个决定是茂峰出差前和我商量好的。我们想，这次周总理到灾区是为了慰问群众鼓励灾区人民重建家园，要是茂峰和周总理一块回家乡，家人相见时肯定会掉眼泪，那影响该多不好。

茂峰这人不太善于表达，看到周总理没表态他又重复一遍："总理，我就不回去了。"

"那好吧。"周总理想了想说。其实，他从心里完全理解茂峰要留在火车上值班的用心。

103

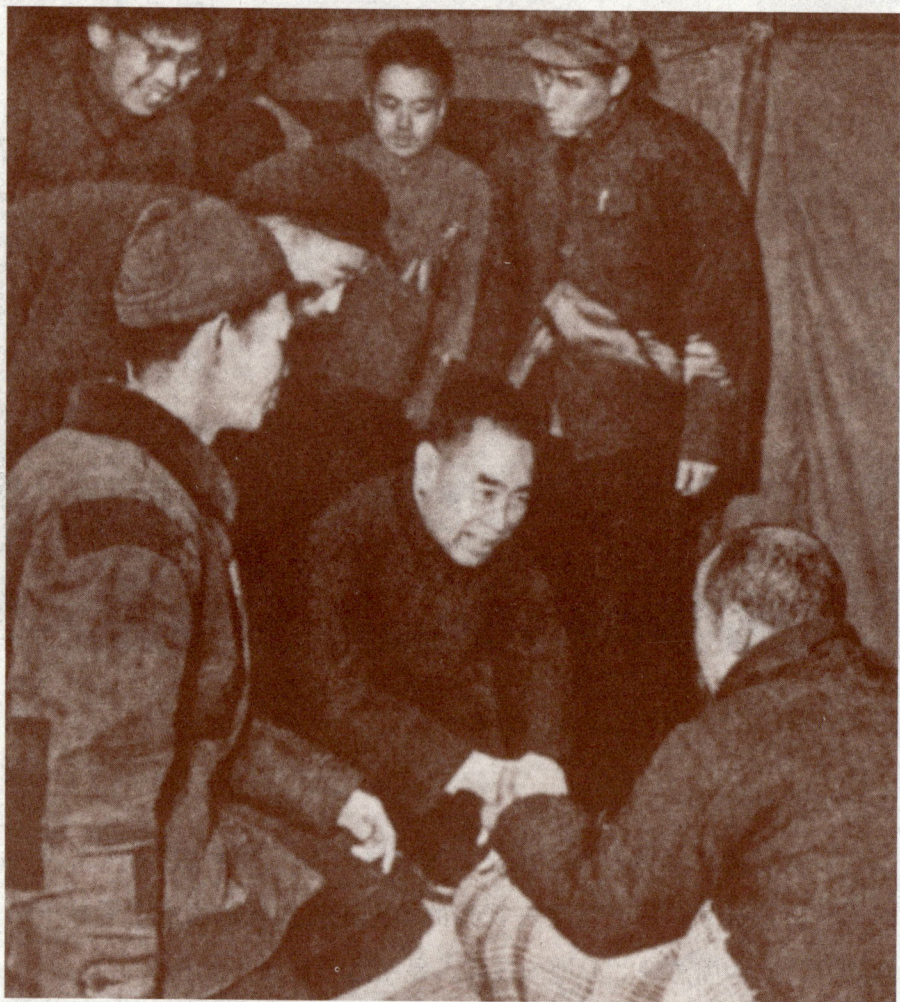

▲周恩来总理亲切慰问受灾群众

　　周总理从石家庄乘直升机去了灾区，茂峰就留在周总理的专列上，火车要开到邢台去等周总理。

　　真没想到，周总理在视察宁晋县东旺镇时，还专门请人去茂峰家接来他的父母和伯父母四位老人家见面——他是要切实了解茂峰家的情况，让自己也让茂峰放心。

　　从邢台登上专列后，周总理把茂峰叫到身边，详细地讲述了自己

▶ 在东旺公社，支部书记董保顺捧着一碗开水敬给周总理，谁料一阵大风刮过，碗里蒙上一层尘土。董保顺正犹豫间，周总理接过碗把水大口喝完。周总理用过的这个土碗被董保顺用红绸子包好，精心珍藏多年

与四位老人见面的情况。他告诉茂峰，他问老人们有什么困难，老人都说没有；问他们有什么要求，开始也都没说，后来才提了一个小小的要求："让茂峰回家看看。""可以嘛，我回去就叫他回来看一看。"周总理当时立即答复茂峰家的几位老人。

在列车行进的路上，周总理又一次问茂峰："是否回去看看？"

"过了这段时间再回去吧。"茂峰说。

听茂峰这样一说，周总理就没再说什么。确实，那段时间周总理实在是太忙了，他身边也离不开人。在火车上，周总理又和茂峰谈了半天他家里的事儿，还细细地问起他的父母和伯父的年龄。这一聊，茂峰才得知他的伯父和周总理是同庚，都是1898年生的。回到北京，周总理还一直惦记着他对茂峰父母的许诺，过了一段时间，便让他回家看了看。

周总理对我家的关心远不止这些，茂峰老家遭水灾，他和邓大姐给过钱；我在工作中休克了，他听到消息后立刻和邓大姐特意到值班室来看我，还一遍遍嘱咐我要去检查，不要大意，要注意休息……总之，在周总理身边工作，我们一直感受着来自亲人般的关怀。

▲1956年周恩来、邓颖超同西花厅工作人员合影。前排右二为赵炜

## 同周总理的三次照相

在周总理身边工作了十来年，只有一件事赵炜至今提起来仍感到遗憾，那就是她和总理的合影太少，而且仅有的几张照片还都是黑白的。赵炜说，那时经常见到周总理，但就是真的不想打扰他，同时也没有更多拍照的条件，以致留下这终生的遗憾。

说实话，我一直都想单独和周总理照张相，但是在西花厅和他老人家接触了21年，这个愿望却一直没实现。说来恐怕现在人无法理解，我在西花厅见过周总理无数次，但同他只合过三次影，而且都是集体照。

我和周总理第一次照相是在1956年，具体细节已经记不清了，但后两次照相的情况在我脑海里还是记忆犹新。

周总理和办公室同志的第二次照相是在1965年的2月。当时，

▲ 1965年与西花厅工作人员合影时，周恩来、邓颖超把赵炜拉到中间的位置。前立小孩为赵炜的儿子赵珂，后排左一为赵茂峰

因为要撤总理办公室，有些同志要调离，周总理和邓大姐就在前厅请我们办公室的所有同志吃午饭。

那天，我把孩子安顿好，就去了前厅。我去时一张大桌上已经摆好了餐具。为了让那几位要调走的同志多和周总理说说话，就座的时候我选了一个离周总理比较远的位置。

"哎，赵炜，你怎么跑那儿去了，过来过来。"周总理看见我，立刻大声叫道。

"就坐在这儿吧，让他们往前坐。"我的意思是让那些比我年长又即将调离的老同志坐到周总理身边，毕竟以后他们见到周总理的机会要少许多。

没想到，周总理还是一个劲地招呼我，"过来吧，坐我旁边。"

没办法，我只好走到周总理旁边。周总理让我在他和邓大姐中间坐下，接着就开始谈笑风生。

那天的午饭很简单，依旧是四菜一汤，其中一道是周总理最喜欢吃的狮子头，每人一个。我看那狮子头个儿挺大，就说吃不了，周总理说："不要客气吗，我看你能吃下，一定要吃了。再说，这么好的菜也不能浪费嘛。"让周总理这么一说，我有点不好意思，只能努力把那只大狮子头吃完了。

吃完午饭，周总理和邓大姐又要同大家一起照相，正好我儿子赵珂这时跑过来，我做个手势，让他站到一边去，没想到却被周总理看到了。周总理说，不要让孩子走，就一起照嘛，站在你妈妈前面。听周爷爷这样一说，赵珂高兴地站在我前面，留下了他和周总理的唯一合影。

我第三次同周总理照相是在1970年。那一年组织决定我和张作文同志到工厂"支左"，走前几天我们就听说最近这几天周总理可能要和工作

▲1970年5月20日，周恩来夫妇与西花厅工作人员最后一次合影。中排右三为赵炜

人员照相，我和张作文同志怕漏掉自己，就嘱咐值班的同志，如果有照相的信儿千万要通知我们。怎么通知？那时候也没有手机，我们只能尽量不走远，有时出去办点事也一定告诉值班同志自己的去向。

5月20日那天，我和张作文同志去警卫局礼堂听"支左"动员报告，有人叫我去接电话。我拿起话筒，就听到值班同志说："赵炜，快回来，要照相了。"放下电话我同张作文就骑车往西花厅走，等我们急急忙忙地赶到时很多同志都已经在院里了。当时正是"文化大革命"期间，为了这次照相，大家都穿上了统一的军装。我和张作文来晚了，当然顾不得换衣服，马上高高兴兴地站在队列里同周总理合了影。

从那以后，虽然我有过很多次机会同周总理邓大姐单独相处，但是，为了不打扰他老人家的工作，我从没提出过要同他一起照张相，现在想来真的是很遗憾。

▲ 第三次合影时，周恩来应女同志的要求，和她们单独照了一张相。左三为赵炜

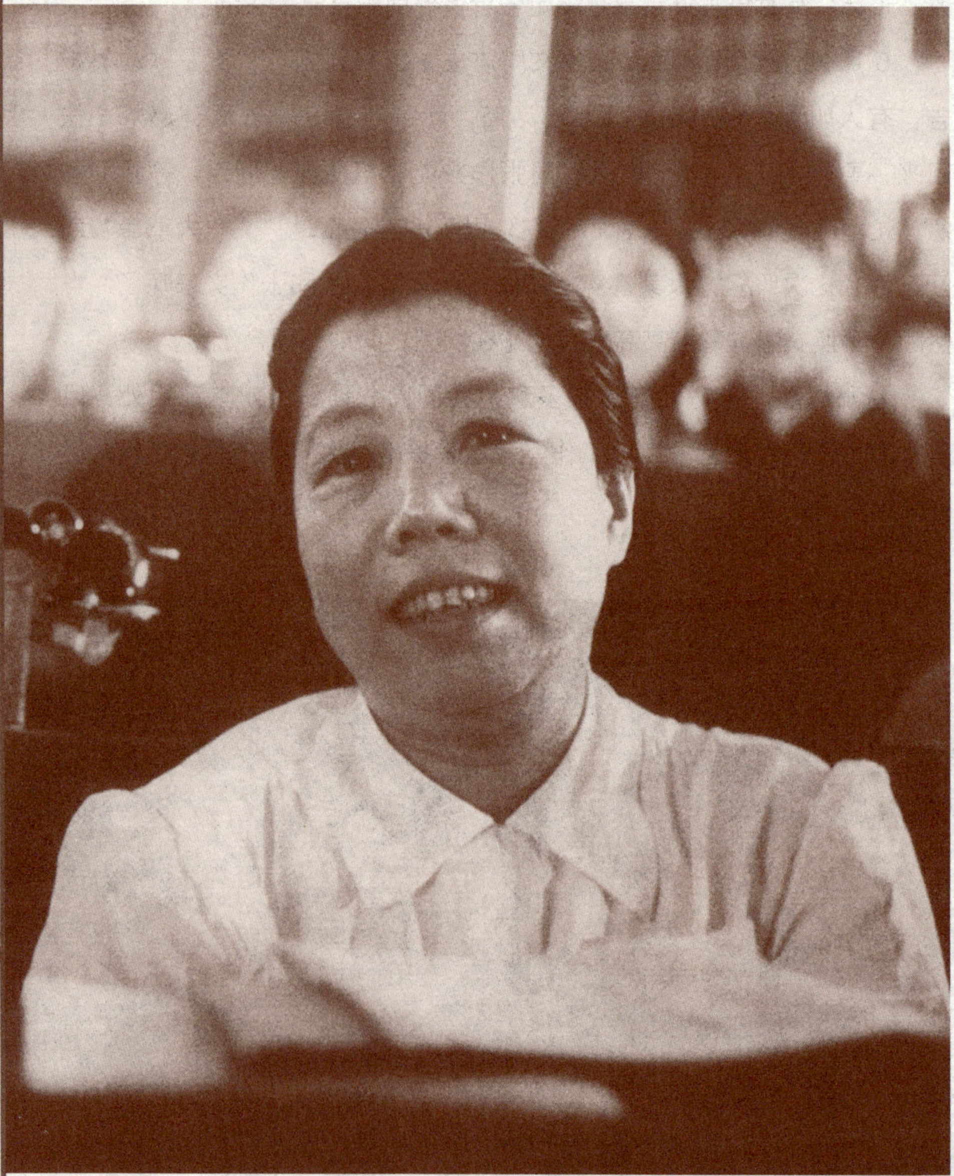

# 第三章

地球上

一切美丽的东西

都来源于太阳

而一切美好的东西

都来源于人

——普利什文

# 调到邓大姐身边

1965 年，赵炜患了严重的风湿性关节炎，医生建议她不要再长年值班。一般像她这种情况，都是经组织调动重新安排到其他部门工作，但对赵炜的调动却是从总理值班室调到了邓颖超身边——她的工作岗位还在西花厅。从此，赵炜继陈楚平、张元之后成了邓颖超的第三任，也是最后一任秘书，在西花厅又度过了 27 年的漫长岁月。

60 年代，实行干部下放劳动制度，西花厅的所有工作人员也不例外，每年都要抽调一两个同志去基层。到了 1964 年，办公室就剩下我一个人没下放过了。那年过完春节，我去了山西省曲沃县，那儿是

▼邓颖超和她的两任秘书在西花厅。右为张元，左为赵炜

▲陪邓大姐在西花厅后院散步

个山区，缺水，生活挺艰苦。

半年多之后，总理办公室的一位同志生病了，办公室缺人手，我提前结束下放劳动，又回到了自己熟悉的工作岗位。但不巧的是，从山西回来没多久，我就病倒了，严重的风湿性关节炎迫使我住进了医院。医生建议我去疗养，而且告诫我不能再长年值班。

听说我病了，领导都挺关心，出院后就给我联系了到东北鞍山汤岗子的疗养院去疗养。我当时想，完了，这下可能要离开西花厅了，不能再继续为周总理服务了，于是在思想上做好了被组织调离的准备。

没想到，在我疗养之前，又接到一份意外的惊喜。一天，国务院副秘书长许明（原总理秘书，调到国务院后还负责总理值班室联系工作）

▲ 邓颖超在看报

找我谈话，说你的身体已经不适宜在总理值班室工作了，正好邓大姐的秘书张元同志身体也不好，大姐一直想找个合适的秘书。邓大姐说，你在西花厅工作这么多年，同她也熟悉，想让你去接张元的工作，让我同你说一说，征求一下你的意见。

给邓大姐当秘书？征求我的意见？我哪里还有什么意见，只要是组织的决定我都会无条件服从，更何况是邓大姐亲自点名要我！我当即高兴地表态：我愿意为邓大姐服务。

当许明同志把我的意见告诉邓大姐时，她很高兴。第二天，她在院子里见到我就说："欢迎你到我这里来工作。"

"大姐，我要做不好就请您多费心多批评。"我说。

听我这样一说，邓大姐笑了："咱们认识几年了，不用紧张。我的工作不像恩来办公室那么多。"大姐还说："你先安心去疗养，回来后

▲赵炜陪同邓颖超出访

▲ 邓颖超与赵炜夫妇在出访的飞机上

接张元同志的工作，她可以带你一段时间。她身体也不好，我一直在物色秘书，还没找到合适的，这次你不能到总理值班室工作了，正好到我这儿来。他那里工作量大，值夜班多，对你的病不好，我的事儿很少，也不值夜班，对你很合适。"听邓大姐这样一说，我心里踏实多了。邓大姐也很爽快："你先去养病，回来后上班。"

就这样，四个月后，也就是1965年的12月1日，我疗养后回到西花厅，正式到邓大姐那里报到成了她的秘书。

# 走进邓大姐的生活

邓颖超从 1949 年中国妇女第一次全国代表大会召开之时就担任全国妇联副主席，此后，在 43 年的工作生涯中，她一共有过三任秘书。邓颖超的第一任秘书陈楚平在她身边工作的时间不太长，大概也就是一年多一点；第二任秘书是原来在红岩村就与她相识的一位老党员张元，她在邓颖超身边工作了大约 15 年；1965 年，赵炜接任张元的工作，成为邓颖超的第三任秘书。在此后的 27 年里，赵炜一步步地走进邓颖超的生活，成为她的亲密助手。

1965 年 12 月 1 日，我正式到邓大姐办公室报到上班，从那以后，我和她共同相处了将近 27 年。

虽然和邓大姐早就认识，但真要和她一起共事，尤其是要适应她的工作和生活习惯，对我来讲确实还是一件很紧张的事。好在有邓大姐

▶ 在都爱戴帽子的年代

▲摄影是邓颖超一大爱好

的老秘书张元同志带着，我才不那么拘束。张元同志是四川人，地下党出身，新中国成立不久就给邓大姐当秘书，所以她对邓大姐的脾气和生活工作习惯都十分了解。刚开始，我每天都和张元一起去邓大姐的办公室，给她汇报一下工作，问问有什么要办的事。

那时，邓大姐身体不太好，经常出虚汗。也许是对我走近她的工作还不太熟悉吧，有一天她对我说："赵炜，你不用老在我的办公室，有事我会找你。"我出来就对张元说："糟了，大姐不太习惯我。"张元说："没事儿，过几天她就会习惯的。"

过了几天，邓大姐那儿有事儿时，张元就让我独自进去办。"行吗？"我怕邓大姐一时接受不了，还有点不放心。

张元说："有什么不行，你只管放心去吧。"

▲ 邓颖超出国前，西花厅的工作人员为她送行

果然，我独自进去几次后，邓大姐就渐渐习惯了，有事也放心地交给我去办，没多久，我和张元同志就完成了工作交接。

60 年代中期，邓大姐的职务是全国妇联副主席，她身体不好，那段时间就让我经常去妇联听听会，回来后再把场内场外的情况详细讲给她听。过了一段时间，我和邓大姐工作处习惯了，相互之间的话也多起来，有时邓大姐兴致好，我就陪她去公园走走。其实，邓大姐和大多数女同志一样，也喜欢到处去走走，但因为个人特殊的身份，她的这份爱好也受到了限制。为了让邓大姐享受到同常人一样的购物乐趣，有时我向她提出上街走走。

有一次，邓大姐想买双鞋，我就先上西四的一家商店转了转，看好鞋样子回来告诉邓大姐。"看好了怎么不买？"邓大姐挺奇怪。

119

"大姐，买鞋不像别的东西，您得试试。"我解释说。

"那就去试试吧。"邓大姐说着就要走。

"别着急，戴上头巾。您进了店只管试鞋，别的什么也甭管，要不让人认出来你又走不了了。"我笑着劝她。

"我可不想碰上熟人。"邓大姐也笑了，"人一多就围上来了。没有熟人别人认不出我的。"说着，她把头巾拉得很低，盖住了大半个脸，样子很像一个高级知识女性。

到了商店，邓大姐也不说话，只顾低着头试那双我提前"侦察"好了的鞋。她穿上在地下踏了几下觉得挺舒服，就说行。这时另一位同志就去付款，我则陪着她急匆匆地往外走。

谁想到，走到商店门口却正好碰见个熟人，"大姐，您也来啦？"她大嗓门一嚷，把商店里的目光都吸引过来了。

"没事，来看看，我们该走了。你好吗？"邓大姐一边说一边往外

▼ 海棠树下

▲忘年交

走，眼睛也不敢往起抬，把那个熟人弄得莫名其妙。

　　上了车，邓大姐长长地出了一口气："买双鞋也跟搞地下工作差不多嘛。真巧，越怕碰上熟人还就碰上了，也没同她多说几句，真对不起。"接下来，想到邓大姐从鞋店出门时的样子，我们就笑了一个够。那天，邓大姐的情绪一直挺好。

# 听邓大姐讲那过去的事情

邓颖超常说的一句话是："过去革命斗争非常残酷，好多人牺牲了，好多好的东西被毁掉了，留存不下来，我们是幸存者，还能为自己留什么呢？"基于此，邓颖超一向不主张别人给她写传记（后来因为种种无法推辞的原因，全国妇联为邓颖超出了一本传记）。作为一个革命经历丰富的共产党人，邓颖超在晚年也有着同常人一般的忆旧情怀，她也喜欢怀念母亲和自己年轻时的一些往事，每当这时候，赵炜就成了她最好的倾诉对象，她和她无数次地踏着西花厅的小径娓娓述说，讲述着生活中那些令赵炜感到无比亲切的故事。

▼邓颖超（左二）就读于天津第一女子师范学校时与同学合影

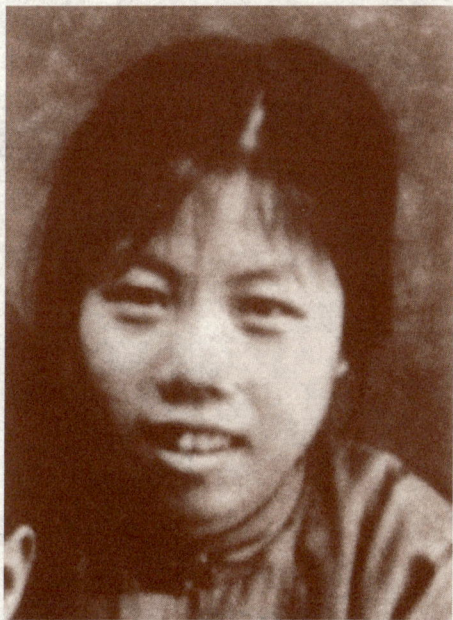

1926年春摄于汕头。邓颖超题
赠于1958年10月北京。

▶ 这张照片是邓颖超刚刚由共青团员转为
共产党员时的留影。1958年，邓颖超在
一次讲述自己过去的故事后将这张照片
送给了赵炜，并亲笔在后面题字

1965年年末到1966年初夏，对于我来讲相对是一段很宽松的日子。邓大姐那里的工作不是很忙，有时间我就陪她在院子里散散步或在办公室聊聊。大姐经常给我讲一些她过去的往事，一来二去，我对大姐的身世和恋爱、婚姻都有了很多了解。

邓大姐生于1904年，她的原名叫邓玉爱，学名邓文淑，两个都是当时女孩子时兴的名字。听邓大姐说，她的父亲是清朝末年广西南宁的一个镇台，母亲是一个旧仕宦人家的独生女儿，在她三岁的时候，父亲就因暴病客死新疆，因此在她的脑海中几乎没有对父亲的记忆。邓大姐上小学时，她的一个老师喜欢她的聪明好学，便为她改名叫颖斌，但邓大姐并不喜欢那个"斌"字，就自己改为颖超。后来在几十年的革命生涯中，她用的一直是这个自己喜爱的名字。

因为自小丧父，邓大姐幼年时一直都是和母亲相依为命，所以每每提起母亲，她都怀有很深的思念之情。邓大姐的母亲叫杨振德，因

▲1923年，19岁的邓颖超（前排左一）已是天津达仁女校的一名教员

为她的祖父是吃错药死的，所以自小酷爱读书的杨妈妈就对医术倍感兴趣，年复一年地奋发研究，最后竟能够治病救人了。邓大姐的父亲去世后，杨妈妈就是靠着自学的医术作为谋生手段，艰辛地独自抚养女儿长大。

124

由于家贫，幼年时邓大姐和母亲受了很多苦。在旧社会，一个无依无靠的弱女子行医有很多难以想象的困难，尤其是那些所谓的头面人物更是让人难以忍受，杨妈妈刚强耿直，不愿屈从于那些地头蛇势力，因此受到他们不少刁难，生活也难以为继。"我还记得小时候我们娘俩的日子过得很苦，有时，实在没办法了，母亲就去变卖一些衣服家具，但就那样，她还是婉言谢绝了我父亲一位朋友的资助。当时那位朋友想把我们母女俩接到昆明去，可我母亲不愿过那种寄人篱下的生活，她就带着我颠沛流离四处奔波。"邓大姐后来在讲述时提到母亲就表露出一种敬佩，因为母亲给她树立了一个最鲜活的做人楷模：妇女要自尊自爱首先要自强自立，无论多么困苦也要保持人格的尊严。

为了生活，邓大姐和母亲从广西到广东、又到上海，但哪里似乎都不是她们母女的落脚之地。后来，邓大姐的一个同父异母哥哥写信让她们到天津，母女俩便千辛万苦地赶了去，结果还是找不到工作。没办法，杨妈妈只好带着邓大姐到了一个老乡办的育婴堂，那里可以供给她们食宿，杨妈妈能挣几块钱，邓大姐也同孤儿们一起学着织毛巾，一天给家里补充几个铜板。到了民国初年，邓大姐又随母亲来到北平，因为杨妈妈在一家平民学校找了份教师工作。

平民学校是一个主张革新的社会党人陈翼龙办的，就是在这所学校里，杨妈妈认识了许多同盟会会员和社会党人，她被革新的潮流所吸引，开始接受新思想。那时，邓大姐虽然才上小学三年级，但因为常听到母亲和学校的老师们对时局的评论以及对大同世界的描述，在心灵上也受到革新的启蒙教育。

在北平住了半年，因为袁世凯的复辟，革命党人遭到了血腥镇压，平民学校的校长陈翼龙先生也被袁世凯所杀害，学校被查封。杨妈妈和同事们安葬了陈校长后，无奈带着邓大姐又回到了天津。那段日子，邓大姐主要是靠着母亲做家教才完成了学业。她后来对我说，母亲那时做得很辛苦，最多时同时在四家任教，后来，为了让邓大姐能考上吃住不花钱的师范学校，杨妈妈还为她虚报了两岁。她们母女的生活直到邓大姐考上师范后才稍有好转，那时邓大姐住学校，杨妈妈住在别人家，母女俩只有到了周末才能一聚。

天津是邓大姐生活上一段最值得纪念的日子，在那里，她开始了自己的革命生涯，也是在那里，她认识了后来成为她丈夫的周恩来。

关于邓大姐与周总理的相识，她在与我的很多次闲聊中都提到过，用她的话说，既没有什么浪漫，也没有什么特别，开始也不过是在一次大会上见到他坐在主席台上。当时周总理刚从日本回到天津，在学生界很有名气，邓大姐第一次见到周总理时只有15岁，那次她在集会上讲话，也给周总理留下了很深的印象。后来，邓大姐和周总理都成了天津"觉悟社"的成员，两人常在一起开会、办刊物，接触渐渐多了起来，不过那时的周总理宣称是一个独身主义者，邓大姐也未想到结婚，所以两人的交往还都是处于君子之交淡如水的阶段。五四运动后不久，周总理去了法国，邓大姐在天津教书，依旧是同她的母亲住在一起，但这时她已经开始同周总理经常通信了。

周总理是什么时候改变他独身主张的，没有人确切知道，不过据大姐说，他在法国来信中话里话外已经有了追求她的含意。"不过我未动心，不相信他的话。"邓大姐那时之所以不相信周总理会选择她做伴侣有一个很重要的理由，就是因为她的一个女同学也和周总理在法国一起留学，那个同学长得挺漂亮，大家也都认为他们很般配，所以邓大姐一直判断周总理会和那个女同学好，却没有仔细考虑周总理给自己信中字里行间表达出的爱意。

当时邓大姐看到很多朋友都结婚了，想来想去觉得自己也应该结婚才对。但她那时并不确定自己要找个什么样的人，只是觉得终身大事要慎重，同时也想过周总理身上有些条件符合她的选择要求，但她

▲ 20世纪初期的淑女们。右一为邓颖超

还没有想到要和周恩来谈恋爱。

后来，据邓大姐说周总理可能着急了，一封封信追得越来越紧，信里也告诉她他和那个女同学因政治上观点不合，已经不来往了，而要同邓大姐确定关系。邓大姐征求了她母亲的意见，杨妈妈说："恩来在国外，还是等到他回国再定吧。"可邓大姐能等，周总理却等不及了，他一封一封地写信催问，于是，邓大姐就按照自己的主张做了答复，同周总理明确了恋爱关系，那是1923年的事儿。后来，邓大姐把自己的意见告诉她母亲，杨妈妈默许了。

邓大姐是1925年同周总理结婚的，她说："1924年恩来从法国回来到广东工作，我在天津也受到反动当局通缉，形势所迫，不能再留在天津工作了，因此党组织决定调我到广东，当时广东也需要人。我和恩来已有五年没见面，1925年我到广东后我们就结婚了。"

就在邓大姐结婚的那年秋天，她的母亲也到了广东，可老人家不

▲邓颖超幸福地依偎在母亲身边

愿靠女儿女婿生活，同时也怕牵扯他们的精力，就在广东省梅县中学找了份教书的工作，后来又转到另一所学校担任学监。再后来，她的眼睛受伤落下残疾，在邓大姐和周总理的再三劝说下才辞去工作。

每次提起母亲，邓大姐都怀着深深的内疚，她说因为自己投身革命，没能很好地照顾母亲，让她晚年吃了不少苦。大革命失败后，杨妈妈带着身怀六甲的邓大姐躲过了敌人的搜捕，后来又陪着邓大姐到上海去同周总理会合。邓大姐和周总理转入地下后，她以行医为名，掩护党的一些同志做秘密工作，过了一段颠沛流离的生活。那几年，邓大姐的母亲有时和蔡畅的母亲蔡妈妈在一起，有时和夏之栩的母亲夏娘娘在一起，有时到同事或朋友家借宿，还有时就自己一个人住在杭州的尼姑庵，为的是躲避敌人的盯梢和追捕。直到 1934 年 5 月，杨妈妈才被党组织接到瑞金的中央苏区。

不幸的是，母亲来了不久，邓大姐就得了肺病，高烧不退且还吐血，组织上把杨妈妈接来服侍她一段时间。然而一个月后，中央决定长征，作为周恩来妻子的邓大姐，被要求当成伤病员用担架抬着参加长征。1934 年 10 月 10 日，在红军队伍北上的那天，邓大姐和母亲依依惜别，虽然不知道何日再能相见，但这对坚强的母女谁都没掉一滴眼泪。

长征结束后，邓大姐在一张报纸上看到了母亲被捕的消息，心里一直非常惦记，但那时她在陕北根本就无从打听情况。直到"西安事变"后，邓大姐才从白区来的同志那里得到信息，知道母亲被关在江西九江反省院里。杨妈妈在九江整整被拘禁了三年，直到 1937 年成立抗日民族统一战线后九江反省院关门，她才最后一个被放了出来。后来周总理在与蒋介石谈判中得知出狱后的杨妈妈在九江的一个尼姑庵中借宿，便去看了她一次。又过了一段时间，周总理和邓大姐到武汉的八路军办事处工作时，组织上才想方设法把杨妈妈接到武汉。

虽然已经过去了很多年，但邓大姐对那次和母亲相见的情形记忆

▲年轻的邓颖超在话剧《新闻记者》中饰演男记者

犹新。邓大姐有一次给我讲道:"那天我一回来,听传达室的同志说我妈妈来了,就在我房间里,就欣喜若狂地一口气跑进屋。我看见妈妈坐在办公桌前的一把旧椅子上,就不顾一切地扑了过去。当时,我什么都说不出来,只是拉着妈妈的手一个劲儿地掉眼泪。"这次重逢之后,邓大姐和母亲又分别过两次:一次是从武汉办事处撤退后在重庆的那段日子,邓大姐的母亲和周总理的父亲都住在山上的红岩村;一次是邓大姐陪周总理到莫斯科治病时,杨妈妈去了贵阳,直到他们从苏联回来才又把老人家接到身边。邓大姐说,直到母亲去世那年,她才知道母亲的生日,那次,是她和周总理给老人家过的第一个也是最后一个生日。

邓大姐的母亲是在 1940 年初冬去世的,杨妈妈去世后,《新华日报》曾登了讣告。邓大姐后来充满深情地回忆说:"我妈妈是一位平凡的妇女,慈祥的母亲,她的一生是很曲折坎坷流离的一生。她具有独特的性格,反对一切封建习俗,追求进步,向往大同世界,有自强自立和助人为乐的精神。她对我的教育和影响起了很好的作用。"

▲1925 年周恩来和邓颖超在广州

## 邓大姐和周总理的婚姻

身为女人，邓颖超特别看重自己的婚姻，回忆起当年恋爱时光也总是心中充满欢愉。但是邓颖超不是那种喜欢随便讲述自己隐私的女性，因此，只有当她感到和赵炜已经特别熟悉时，才渐渐讲起自己年轻时的一些往事。

我到邓大姐身边的时候，她和周总理已经结婚40年了，但在记忆里，她对和周总理结婚时的往事却还记得一清二楚。周总理去世后，邓大姐把对他的思念化作一片片的回忆，经常同我讲周总理年轻时的往事。那时，我们常在院子里散步，我随便想起什么就会问什么，每

131

次邓大姐都会很耐心地回答我。

有一次我说："大姐，您年轻时肯定也挺漂亮的，要不周总理怎么会一直紧追呀。"邓大姐哈哈笑着说："嗨，这事儿连我原来都有点纳闷儿。我们结婚后一直没时间谈到过当年相识的事情，直到解放后十几年了——那时你都到西花厅了，有一次闲聊，恩来才突然说，还记得当年在天津开大会吗？你第一个登台发言，给我印象最深的就是那两只炯炯有神的大眼睛。"说到这儿，邓大姐开心地笑了："现在我老了，和年轻时不一样，眼睛也变小了。"

1987 年，邓大姐会见了日本老朋友竹入义胜，当时竹入请邓大姐讲讲她和周总理结合的往事，她欣然应允。那一天，邓大姐讲了年轻时同周总理相识相恋的过程，我虽然已经听她讲过那段故事，但还是很认真地又听了一遍，而且还做了详细记录。那天邓大姐的精神特别好，会客之后还不觉疲乏，又饶有兴致地给我讲了一段后来她得知周总理追求她动机的小插曲。"那是 1956 年，有一天恩来的侄女来了，我们坐在客厅里聊天。侄女问起我们当年的往事，恩来才说了实话。恩来告诉他侄女，当时他在法国曾经有过一个比较接近的朋友，是个美丽的姑娘，对革命也很同情，'但是，我觉得作为革命的终身伴侣她不合适，这样我就选择了你们的七妈，接着和她通起信来。我们是在信中确定关系的。'我当时坐在旁边，听了恩来的话笑道：'我说呢，怎么到了欧洲你突然给我来信了，还提出这么个问题，原来是这么回事呀。'"邓大姐说到这儿又笑了，脸上洋溢着幸福的表情。过了一会儿她又接着说："其实我理解恩来，他所需要的是能一辈子从事革命工作，能经受得住革命的艰难险阻和惊涛骇浪的伴侣。"

"大姐，看来总理还是有眼光的，您确实就是符合他要求的革命伴侣呀。"我由衷地感慨。

"让革命与生活和谐是很难的一件事，两个人要是没有相互理解和

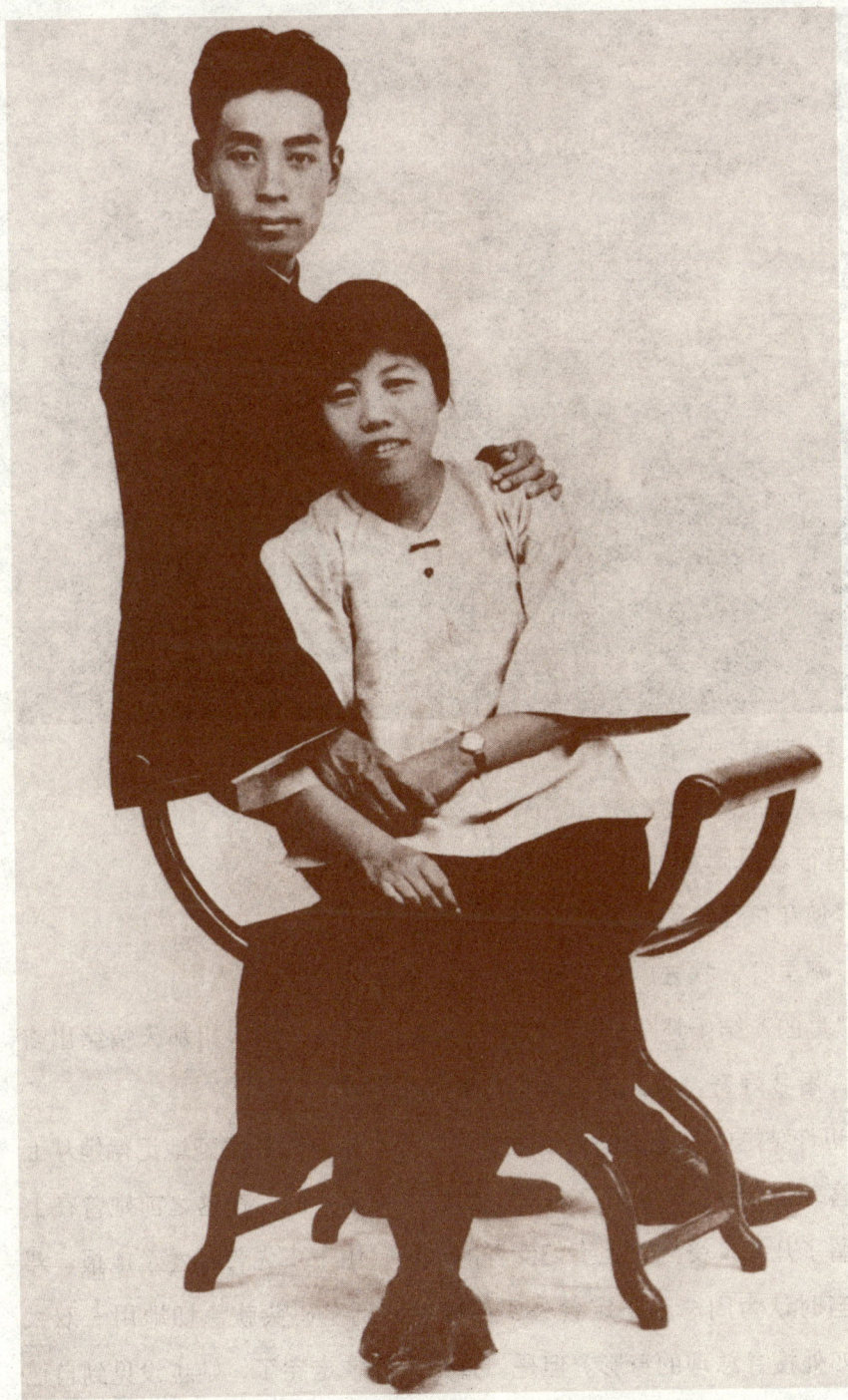

▲ 新婚不久的周恩来、邓颖超夫妇

▲ 周恩来、邓颖超夫妇在延安

支持是很容易闹意见的。"邓大姐若有所思地说。

"您和总理没闹过意见吧？"我又问。

"哪里呀，我去广州结婚时还生过恩来的气呢。"

"真的？结婚还生气？"我有些奇怪。也巧，邓大姐那天情绪出奇的好，看我好奇，就又讲了一段她结婚的往事。

也许结婚的日子对女人很重要吧，邓大姐当时还清楚地记得她从上海乘客轮是 1925 年 8 月 7 日下午到达广州码头的，在这之前她曾在上海停留了几天，受到过上海妇女界的欢迎。由于事先曾经发了电报，邓大姐当时认为周总理一定会去码头接她，到了码头就急切地用一双大眼睛四处搜寻总理的身影。但是，直到人都快走完了，她也没见到自己日思夜盼的爱人。那时邓大姐很不高兴。她说："离别五年了，我今天不

▲ 1940年9月，重庆八路军办事处遭到日军轰炸，周恩来与邓颖超在被炸的楼前合影，以示共产党人临危不惧的革命气概

远万里来到广州，他却不来接我，真让人生气。"不过邓大姐毕竟也是革命者，气了一会儿心里也就平静下来，"我想准是恩来工作忙，走不开，好在我手里有他的地址，干脆叫了辆人力车自己找去了。"

其实，周总理是个很细心的人，那天他确实忙得脱不开身，但却

西花厅万岁月

▲抗战时期的周恩来、邓颖超夫妇

安排了他的警卫副官陈赓拿着邓大姐的照片去码头接她，谁料陈赓在人群中挤来挤去也没找到要接的人，只好沮丧地打道回府。后来，陈赓在门房见到邓大姐，心里才踏实下来，他向邓大姐解释后就把她带到一间房子里。

60多年过去了，邓大姐还清楚地记得她当年新房里的摆设。她慢慢地回忆说："整个房间的陈设很简单，一张双人木床，一个玻璃门衣橱，一个藤制书架，一张书桌，几把藤椅，还有一个衣架和一个脸盆架，看样子恩来已经把结婚的房间布置好了。这时陈赓打来洗脸水，又倒了凉茶让我解渴，还让我先休息，我说已经在船上休息过了，来广东是工作的，如果方便能不能带我去看看革命的广州。"据邓大姐回忆，那天陈赓先带她去了文明路的中共广东区委会，人家说周恩来刚走；陈赓又带着她赶到省港罢工委员会，当时委员会的领导人正在开会，苏兆征、邓中夏、陈延年、周恩来都在那里。"我四下寻找恩来，看到他在屋子的一角正低头写着什么，五年不见，他比以前瘦了一些。这时陈赓走到他身旁在耳边说了几句话，他才抬起头向我点点头笑了笑。本来我想他一定会过来同我说几句话，没想到他和苏兆征、邓中夏、陈延年继续谈工作，谈完了也没打招呼，站起来就和陈延年一起走了。这时，我心中真有点委屈，人家不远万里而来，难道说一句话的工夫都没有？怎么不打招呼就走了。"

就这样，邓大姐到广州的第一天居然和周总理没说上一句话，那天周总理忙得就住在广东区委会，而她也因为宵禁提前回不了家在外面凑合了一夜。第二天，邓大姐就挑起了中共广东区委委员、妇女部长的担子，协助何香凝开展妇女工作。说到这里，邓大姐得意地说："何香凝不会说普通话，我协助她工作首先得学会语言才行，我给自己定下个期限，要在三个月里学会广东话。事实上，我很快就能说广东话了，时常还得为何香凝当翻译。几十年来我的广东话一直没忘，遇

▲1946年周恩来、邓颖超夫妇同董必武在南京梅园新村

到广东人我还可以同他们说一说。"

念叨了两句广东话，邓大姐把话题又拉了回来，看得出那天她很兴奋。"我还得接着说我见到恩来的情况。那天下班后，我刚走进住

▲ 1946 年周恩来、邓颖超夫妇在南京

处就听到恩来的笑声。他同陈赓说，小超真积极，昨天刚到今天就急着上班，现在是我等她。我急忙跨进门说，你等了这么一会儿就急了，我都等你一天一夜啦。那天晚上，我和恩来去了一家有名的老店太平馆吃烤乳鸽，这是恩来欢迎我到广州工作，同时也是庆贺重逢和结婚。我们结婚没有什么仪式，也没请客人，很简单，我们就住到一起，第二天照样分头上班了。"

邓大姐说，结婚时，周总理正好在黄埔军校担任政治部主任，黄埔军校的许多同事知道他结婚就都让他们请客，尤其是张治中，还非要见见新娘子。这样，有一天她和周总理就请了两桌客，邓演达、何应钦、张治中、陈延年、邓中夏、恽代英、陈赓等都来贺喜，那天来的还有刚到广州的李富春和蔡畅，他们就住在邓大姐家对面。

提到那天请客的情形，邓大姐特别兴奋，她说："听说我在五四运

▲周恩来夫妇生前最喜欢的一张合影

动中当演讲队长，张治中就提出让我讲恋爱经过，大家鼓掌。因为我个子矮，他们还让我站在板凳上。当时恩来特别担心，怕我应付不了。其实，我什么也不怕，站在板凳上把我和恩来相识、相爱的经过从头至尾说了一番，还把恩来写在明信片上的一首诗背了出来。可惜战争时代，开始我还有很多明信片，后来都损失了。我介绍后得到热烈掌声，张治中连声夸奖：'周夫人，名不虚传，和周主任一样都是极其出色的演说家。'这时我不客气地说：'什么周夫人，我有名字，邓颖超。'我很长时间不习惯人家叫我周夫人，后来他们也不那样称呼了。"

"那天客人们一杯又一杯地向我们敬酒，我不会喝酒，恩来把客人敬我的酒全代喝了下去。我不知道恩来的酒量，只见他一杯又一杯，竟喝了三杯白兰地，我心里又急又担心，但怎么也挡不住敬酒。那天恩来真的喝多了，但他有自制力，没有失态。等大家都走了，恩来不让李富春和蔡畅走，他自己明天还得去广东大学主持黄埔军校新生入学考试。后来，蔡畅和我将恩来扶到阳台上吹风，蔡畅打来一盆凉水，我用毛巾给他擦脸还找来一碗醋让他喝掉醒酒，就这么一直折腾到下半夜，恩来渐渐醒来，连忙谢了李富春和蔡畅，让他们休息，我也扶着他回房休息。哎呀，那一晚真热闹，我没想到恩来会有那么大的酒量。"邓大姐说，从那以后，她再也不敢让周总理喝那么多酒，但事实上周总理的酒一直没少喝，但却很少醉，因为他很有自制力。

有一次，吃完晚饭，邓大姐又和我聊起往事，她说："自从我和恩来结婚后，人们没少问过我们是怎样恋爱的，我和恩来从来都是坦荡荡地告诉大家对方在自己心中的位置。"那次，邓大姐给我讲起在延安时她和周总理分别被"盘问"的情况：有一次，延安开"三八妇女节"座谈会，到会的很多女青年起哄让邓大姐讲她的恋爱故事，"我呢，当时干脆站起来，给她们背了一段当年恩来在法国写给我的信。我这么一背信，大家都十分惊讶，因为那时我们结婚都20年了，她们奇怪我怎么还能把年轻时的一封信记得那样牢。其实也没什么可奇怪的，因为你心中想着对方嘛。"她说，"有一次，恩来也遇到了一伙女孩子的盘问，延安女同志少，但个个都是挺活泼的。那些女同志问他我们是怎样恋爱的，你猜他怎么回答？他幽默地说：'我在法国留学的时候，好多同志都配上对了，我啊，就扳起指头算，算啊算，就算到了你们的小超大姐。'"说到这里，邓大姐和我开怀大笑。我注意到，对婚姻的回忆，使邓大姐的脸上洋溢着那种只有年轻人谈恋爱时才特有的幸福表情。

# "我和恩来都是幸存者"

在中国革命的历史上，两万五千里长征是一段由共产党人创造的奇迹，当然，对于那些经过一年艰苦岁月走到延安的革命者来说更是一种幸运。和参加过长征的另外一些著名女革命者不一样的是，邓颖超是在身患重病的情况下随着大部队参加长征的，在抬着她的担架迈出万里长征第一步的时候，她就很清楚自己可能面临的险境。然而凭着信念，凭着毅力，凭着与自己体力的苦苦抗争，邓颖超终于和她的丈夫周恩来一起度过了长征中的种种艰辛，她也被誉为"不是红军的红军女战士"。

同周总理一样，邓大姐也不愿意宣传自己，尤其是不让人写她参加长征的事。邓大姐总是说："我虽然是长征过来的，可是不能算长征时的红军女战士。真正的女战士是像康克清、李坚贞等同志那样，她们都在连队当指导员。而我那时重病在身，属于休养连的休养员，没有什么可写的。"但是长征在邓大姐的事业和生活中毕竟是一个重要的里程碑，只有在闲来无事的时候，她才愿意和我聊上一段，而且每次谈起来都是兴致勃勃。就这样，在邓大姐断断续续的讲述中，我也了解到她在长征中的一些往事。1987年，新华社要出一本参加长征的女同志的书，我曾根据邓大姐的讲述写了一篇《不是红军的红军女战士》。文章写好后，我读给她听，得到了她老人家的默许。

长征开始的时候，31岁的邓大姐正患着严重的肺病，她低烧不退。痰中还带着血丝。为了不给同志们增加负担，她曾提出过让自己留下的请求，但最终中央还是决定她随军行动。邓大姐在长征中的身份是中央纵队干部休养连的总支委员，和她一起在休养连的还有怀孕的贺

▶ 上小学时的周恩来

子珍、廖似光和年过半百的董必武、徐特立和谢觉哉三位长者。因为邓大姐的病情较重，当时周总理还把自己的一个警卫员调给她。由于身体虚弱，邓大姐在长征中有近一半时间是在担架上度过的。也许是长征中的空气和自然风光对肺病大有好处，半年后，她的身体竟然好了一些，人也能长时间地坐着了。这时，邓大姐就下决心学会骑马，她不想再让同志们抬着。虽然骑马比起走路来要好得多，但对于一个重病在身的女同志来说也是一番磨砺。

据邓大姐讲，她在过草地时就经历过一次生命之危。那是翻过上下凉子雪山后，红军进入了草地。谁想到，进入草地才一天，因为雷

▲ 长征胜利后的周恩来、邓颖超夫妇

电交加又下起大雨，她的马受惊了，结果把邓大姐扔到了一片沼泽里。当时，前面的同志已经走远了，邓大姐无论怎么喊人家也听不到，后面的同志还没过来。沼泽地有个特点，越动就陷得越深，如果人陷到胸口那就没命了。于是，邓大姐就静静地等着，一动也不敢动，直到后面的同志赶到了，才小心翼翼地把她拉上来。那天邓大姐浑身连泥带水全湿透了，本来就病着的身子更扛不住，第二天又开始拉肚子、发高烧，她说那滋味太不好受。在草地的七天七夜，邓大姐没吃过一粒米，全靠一点水维持着。

到了第七天，红军到了巴西，他们终于见到了房子。那种藏式的房子，上面住人，下面养牲口。邓大姐那时虚弱得厉害，连走到上面住房的劲儿都没有，只好在地上躺着稍稍休息。那天，蔡畅和一些同志来看过她，感觉邓大姐的情况十分糟糕。后来，蔡畅告诉大姐，她们看到她的样子以为肯定没救了，在背后还哭了一场。好在就在那一天，邓大姐和红军一起终于走出了草地，结束了这段无比艰辛的行军。渐渐地，邓大姐的身体又有了转机，但肺病却一直没能得到根治。

"长征中经历过生死之危的哪里是我一个啊，恩来也有过一次特别危险的情况。"有一次我陪着邓大姐在大连休养时，她给我讲了一段周总理在长征时遭遇的生死险情。

那是红军到达毛儿盖时，周总理突然发起烧来，而且出现了昏迷。一开始，大家以为他得的是疟疾，但治疗后一直不见好转。后来，经过王斌和李治两位医生仔细检查，诊断周总理得的是由病菌引起的阿米巴肝脓疡，这是一种死亡率很高的病，尤其在当时的医疗条件下，能有幸活下来的患者更是寥寥无几。当组织上告诉邓大姐这个消息时，

▶ 长征结束后周恩来同毛泽东（右一）、朱德（右二）、秦邦宪（左一）在陕北

第三章 ■ 西花厅岁月

她急忙赶到周总理身边，整整三天三夜，就在地上铺了点稻草，衣不解带地守候着周总理。周总理的病急需排脓，但因为无法消毒，根本不可能开刀，唯一的办法就是把从雪山上取来的冰块敷在他的肝区上部，以控制炎症的发展。三天后周总理终于排出了半盆脓，才得以转危为安。

周总理清醒了，但高烧不退。邓大姐那次掉下沼泽后就发高烧，医生望着手中仅有的一支退烧针发了愁，因为周总理也发烧呢。邓大姐知道后，坚持要把这支针留给周总理，她自己就凭着坚强的信念挺了过来。

后来，邓大姐多次对我讲："我和恩来都是幸存者，没有想到会活到今天。我们幸存下来了，要完成牺牲同志的未竟事业就得拼命地工作，鞠躬尽瘁，死而后已。"

▼1939年邓颖超从重庆回延安途中

# "我们也曾有过两个孩子"

邓颖超身为伟大的无产阶级革命家，同时也是一个感情丰富的女人。和大多数结了婚的女人一样，邓颖超也渴望着能成为一个母亲，为此，新中国成立后的她虽然已经 40 多岁，但还曾去过协和医院请著名的妇科专家林巧稚做过一次检查。因为当时邓颖超用的是化名，林巧稚只按一般病人对待，认为她不太可能会再有孩子。后来，当林巧稚知道她就是邓颖超后，曾动员她做一次输卵管疏通，说这样有可能会生育，但邓颖超拒绝了，她认为自己已经 40 多岁，也不想再麻烦大夫，就放弃了自己做母亲的心愿。后来，在与赵炜的谈话中，邓颖超曾怀着很惋惜的心情告诉她，若不是因为自己当年的不慎，她可能也会是两个孩子的母亲。

在西花厅里，工作人员都知道周总理和邓大姐特别喜欢孩子。他们休息时常把一些同志和亲属的孩子找来玩一玩，和我们工作人员的孩子一起玩耍聊天更是常事，我的儿子赵珂和女儿赵琦就都和周总理和邓大姐很亲。

没事的时候，邓大姐常念叨着百姓中流传的一句老话：一儿一女一枝花，无儿无女赛仙家。她总是说我："你看你，一儿一女多好呀。"

"大姐，那您不是赛仙家吗！"我宽慰她。

邓大姐笑了："仙家虚无缥缈，还是一枝花实在呀。"

"其实呀，我也差点是一枝花呢，"有一次邓大姐和我谈起孩子时感慨地说，"我们当年也曾有过两个孩子，如果都活着比你还大几岁呢。"趁着邓大姐那天情绪好，我就让她讲讲孩子的故事，邓大姐便慢慢倾吐出她对曾经失去的孩子的依恋。

▶在延安时，邓颖超见到别人
的孩子就喜欢得不得了

　　邓大姐第一次怀孕是在 1925 年 10 月，当时她刚结婚不久，周总理率领东征军去了汕头，她留在广州工作。"那阵儿我上班总恶心呕吐，刚结婚也不知为什么，就去医院检查，结果医生说是怀孕了。"听到自己怀孕的消息，邓大姐心里很慌乱，丈夫东征走了，母亲也不在身边，她自己正在协助何香凝做妇女工作，才打开一点局面，哪有时间带孩子呀。想来想去，邓大姐就自作主张去街上买了一些打胎的中成药吃了，想悄悄地把胎儿打下。谁想到，那中药药性很强，她吃了后一个人痛得在床上打滚，虽然心里害怕也不敢对人说，只是请了一个星期的病假。后来，杨妈妈从天津来到广州看了吓了一跳，当她得知女儿自己打胎之后，实在忍不住就责备邓大姐不懂事又不爱惜身体，"这么大事也不同恩来商量"。好在杨妈妈懂中医，就一直在饮食上多

148

加调理，这样邓大姐的身体才好了一些。

到了 11 月，邓大姐被派到汕头一带开展妇女工作，与周总理重逢，对于当时的情况她是这样回忆的："一见面，恩来就看出我脸色不好，马上问我怎么啦，我不得不告诉他自己怀孕和偷偷打胎的事情，恩来听后大发脾气，他指责我是形而上学，怎么可能把生孩子和革命工作对立起来。他说，孩子不是个人的私有财产，他属于国家属于社会，你有什么权力把他随随便便地扼杀？身体是革命的本钱，可你又随便糟蹋自己，不爱惜身体，这是不负责任的态度。他还说，为了革命，我们随时要有流血牺牲，但是决不允许糟蹋自己的身体，你要打胎，也该事先和我商量一下，听听我的意见嘛，怎么这样自作主张，轻率从事？说实话，在后来几十年的共同生活中，我都没见过恩来发

▼周恩来和西花厅工作人员的孩子在一起

▲ 周恩来和邓颖超把烈士的孩子当成自己后代

那么大的火儿，我知道是自己错了，就向他承认自己的轻率和幼稚，后来他也不生气了，还反过来安慰我要多注意身体。"讲完这段往事，邓大姐沉思了一会儿，缓缓地说："现在想起来我那时也是太轻率太幼稚了。"从她的口吻中，我感觉出了一点点懊悔，但一时又想不出用什么样的话安慰她。

"我第二次怀孕快生产时恩来又不在。"过了一会儿，邓大姐又接着讲述了她第二次失去孩子的经过。她是 1927 年 3 月的预产期，在这之前，周总理已于前一年的 12 月调到上海工作，邓大姐因为要分娩，就暂留在广州，她母亲也特意从梅县的中学回来照顾她。邓大姐还清楚地记得，她是在 1927 年的 3 月 21 日生产的——那一天正好是周总理在上海领导工人进行第三次武装起义成功的日子。因为胎儿过大又是难产，三天三夜也没生出来。当时还没有剖腹产一说，医生同杨妈妈商量后用了产钳，结果孩子的头颅受到伤害，刚生下就夭折了。"那是一个男孩儿，近十斤重，他如果活着比你还大几岁呢。"邓大姐说着拍拍我的肩膀。

邓大姐产后身体一直很弱，本来她想在医院里多养几天，然而，十几天后，上海发生了"四一二"反革命事件，紧接着，广东军阀也开始大规模搜捕和屠杀共产党人，邓大姐她们以前住的地方被搜查，还有三位同志被捕了。还好，在搜查前，周总理刚刚寄给邓大姐的一份电报被工友收起来，后来他把那份电报送到了医院。邓大姐当时在医院里什么情况也不知道，只是听到马路上警车呼啸，她让母亲到外面去看看，正好遇到送电报的工友。广州无法待下去了，邓大姐和母亲决定按照组织和周总理的安排去上海，但广东省的国民党政要多半都认识邓大姐，她必须尽快离开医院，否则军警很快就会来搜查。

要想安全离开医院是个难题，后来邓大姐是在德国教会医院一位叫王德馨的女医生帮助下在医院藏了两天，在军警搜查之后化装成医

▲ 周恩来和邓颖超在海南华侨农场与少先队员欢聚

院的护士，乘着德国领事馆的小电船离开广州先到了香港，临行前，还是张治中给了陈赓一些钱让他想法转给邓大姐当路费。从香港到上海，邓大姐又经过几天的海上颠簸，等她找到周总理时，人已是虚弱得不行。

后来，邓大姐在一家日本人开的医院住了两个星期，日本医生给她检查说因为产后过度疲劳，她的子宫没有收缩好，今后可能不会再怀孕了。果然，从那次以后，邓大姐就再也没有受过孕，战争年代使她永远失去了做母亲的机会。

▲ 小赵琦穿上一身新衣服让奶奶看，邓颖超搂着可爱的"小玩意儿"心里别提多高兴了

## 邓大姐保下了我的女儿

虽然一生无子无女，但邓颖超的晚年却和三个可爱的女孩子结下了难以割舍的祖孙情谊，而在三个女孩子中，邓颖超最为喜欢的是被她昵称为"小七儿"的赵琦。这个小七儿，就是赵炜的女儿。

周总理和邓大姐的孩子在战争年代没能保住，但在 20 世纪 60 年代末，邓大姐却努力保下了我的女儿。

那是 1968 年的夏天，我突然发现自己又怀孕了。虽然那时候生第二胎并不违规，但我的儿子已经 12 岁了，而我和茂峰又都在西花

▲邓颖超抓住了淘气的"小猴子"

厅，尤其是我，特别不愿意因为自己的怀孕生产而影响邓大姐的工作。因此，对于这条不请自来的小生命，我和茂峰最初的态度很坚决，那就是不要。为此，我两次去医院准备做人工流产，但都因故没有做成。

　　我没想到，自己怀孕的消息让邓大姐知道了，而且邓大姐还把这件事告诉了周总理。那天，恰好周总理和邓大姐一同共进午餐，老两口边吃边说起当时刚刚制定的计划生育政策，又聊起办公室几个工作人员孩子的多少，这时，周总理就表扬我和茂峰说："这两口子的生育计划做得好，只生了一个珂珂，十多年也没有再要孩子。听说他们已经决定不再生孩子啦？"邓大姐听罢连忙摆摆手说，"快别提了，赵炜最近发现自己怀孕了，正准备打掉，还哭鼻子呢！"周总理笑了："好么，正夸他们呢，就迎来了一条新的生命。"

　　知道我要打胎的消息后，邓大姐曾经很委婉地劝了我几次，说让我把这个孩子生下来。她说你正好没有女儿，万一这次是个女孩呢？虽然邓大姐的劝告很中肯，可我的顾虑依然很多，在心灵深处，对于这个孩子的去留还是不能下定决心。看到我这样整天犹犹豫豫，邓大姐有点急了，有一天，她很严肃地把我找去说："赵炜，我再说你一次，你太自私了，为个人想的多，要万一是个女儿呢？你现在只有一个孩子，生了这个再不要嘛。至于我的工作，我会想办法解决。我告诉你，这次说完后我就不会再说了，你拿定主意。"听邓大姐这么一"训"，我又惊讶又很感动，没想到她对我怀孕的事竟然这样关心。我把同邓大姐的谈话告诉了茂峰，后来我们决定尊重邓大姐的意见，把

▼不是亲人胜似亲人

这个孩子生下来。

我的女儿是 1969 年 2 月 7 日清早出生的，生下来后我就让家人打电话告诉邓大姐。邓大姐听说我真的生了一个女儿高兴极了，马上让厨师杀鸡炖汤，下午派专人带着她和周总理的问候一同送到医院。邓大姐还为我女儿取了两个名字，学名赵琦，小名小七儿。邓大姐说，她哥哥的名字叫珂，有一个王字旁，她的名字也得带王字旁，叫琦。琦又是七的谐音，因为那天是"二七"大罢工的日子，很有纪念意义。后来我出院后邓大姐还问我，咱家里已经有了个小六儿（指他们的小侄女），再加上小七儿，你们有什么意见？对于邓大姐给起的这意义十分贴切的两个名字，我和茂峰当然十分赞同，以后"小七儿"的名字就在西花厅叫开了。

小七儿出生后的第六天，我把她抱回家，下午，邓大姐就放下手头工作来到我家看我们母女俩，摸着小七儿肉嘟嘟的小手，望着她在睡梦中红扑扑的脸颊，邓大姐高兴至极。从此，在不知不觉当中，她把自己的母爱最大限度地倾注到了这个被她亲自保下来的女孩儿身上。

当时，我家住在中南海对面，出了西北门过条马路就到。我坐月子时，邓大姐几乎隔三差五就来看看。后来，我休完产假上班，邓大姐就经常让我把小七儿抱到西花厅去，如果有一周我不把她抱来，邓大姐就会直念叨。

从会爬到会走，小七儿一直都是在邓大姐的爱护下长大的。"小七儿就是我的小玩意儿，看她爬，同她玩，就是我的一种休息方式。"邓大姐常常这样对人说。

小七儿长大以后，邓大姐多次对她打趣说："是我把你保下来的，我最喜欢女孩子。""咱俩可是很早就相识，你还没出世，我们一天两次散步就都有你陪着，你还陪我办公，我是一天天看着你长大的。"

▲海棠花见证了邓颖超与赵琦的祖孙情

小七会说话了，当她叫出第一声邓奶奶时，邓大姐十分高兴，后来她对小七说，"咱们两家人都变成一家人了，你叫我还加姓？"从此，小七便有别于西花厅的其他工作人员的孩子，对邓大姐直呼"奶奶"，而邓大姐也一直把小七当成亲孙女一般疼爱。

我女儿小时候很淘气，除了如一般女孩儿那样爱唱爱跳外，她还爱说爱动，颇有一股天不怕地不怕的小子气。有一次，邓大姐正在客厅，小七又蹦蹦跳跳地来到她身边。为了治治她的淘劲儿，邓大姐让她老老实实在自己身边坐一会儿，但生性好动不好静的小七就是坐不住，一两分钟后就如坐针毡似地从椅子上跳起来，最后，邓大姐"命令"她必须在长沙发上躺倒五分钟，否则就不许再进西花厅。无可奈何之下，小七躺在了沙发上，邓大姐还让我拿着表在旁边盯着，不到五分钟绝对不让她起来。小七躺在沙发上，嘴里数了没几下，就直问到时间没有，当听说才刚刚半分钟时，她更觉得这惩罚真是难耐难挨。终于，小七忍不下去了，她从沙发上一骨碌坐起来，这时，距她躺倒刚过了一分半钟。那天，邓大姐很严厉，她马上说，不行，今天要让你在沙发上躺五分钟，看你能不能坚持下来。无奈，小七后来在邓大姐的亲自监督下不得不老老实实地躺着，最后还是我怕打扰邓大姐工作，瞒报时间让她提前起来半分钟。见小七连躺倒五分钟都如临酷刑，邓大姐摇摇头说："真是个属猴的，以后我们就叫你'小猴子'得啦。"从此，淘气包小七又有了第三个名字，这名字她们祖孙二人都十分喜欢，因此也就一直在她们俩人之间沿用了许多年。

因为淘气，小七小时候没少挨打，每当这时候，她就会去告诉奶奶。有一次，小七为了逃避挨打躲到邓大姐的客厅里，后来被奶奶揪出来教训了一顿，"妈妈为什么要打你呢？她打你不对，你不听大人话也不对。"

为了打孩子的事儿，邓大姐也没少教育我，她说，孩子终归是孩

▲赵炜夫妇携女儿与邓颖超大姐在一起

子，不能总按大人的想法去要求孩子。对孩子要教育，讲道理，千万不能打孩子，打孩子是无能的表现，这是中国人的坏习惯。20世纪70年代的一个"六一儿童节"，邓大姐在人民大会堂举行的庆祝会上讲话时谈到教育孩子打不是个好方法，还公开批评我经常打孩子，从此，我对小七就说教多于动手了。

小七长大以后，邓大姐常把她小时挨打的事儿当成故事来讲。她说，你还没出世就是个淘气的小东西，你妈自从有了你，吃不下饭，喝不下水，闹了两三个月才好。出世后你性格就不像女孩子，爱动，天不怕地不怕的，老让大人操心。

周总理去世后，邓大姐心中很孤寂，她就让我把小七和西花厅另一个工作人员的孩子小梅唱的歌给她录下来。那时候录音机刚刚问世，也没有好多磁带，因此邓大姐没事时就放一放孩子们唱的歌作为调剂。没多久，组织上批准小七和我一起住进西花厅，这样，邓大姐每天都可以见到她的宝贝孙女了。

除了疼爱，邓大姐对小七也很严厉。晚上看到电灯亮多了，她让小七关上；看到水笼头开大了，她让小七关小；看到吃饭时掉下饭菜，她告诉小七捡起来吃了，不能浪费一粒粮食。她还很认真地告诉小七，西花厅院子里的花草一枝也不能摘，那是我送人时才能剪的；果树上的果子一颗也不准摘，那要等到熟了时分给每个工作人员的，而且大家都要拿钱买。

1977年2月，邓大姐要出国访问，八岁的小七因为从来没有见过飞机就非常想到机场去送她，但邓大姐坚决不允。她告诉小七："你

▼大姑娘赵琦（左二）在奶奶面前还是那样无拘无束

就在这里（指西花厅）送我，在这里接我好了。"后来，看到小七失望的表情，邓大姐心又软了，她说下次她出国时可以让小七去机场接送，但条件是到了机场不许下车。

那几年，我陪着邓大姐经常出访，小七每次接送奶奶都是乖乖地等在车上。有一次，等在车上的小七被康大姐看到了，她问小赵琦怎么不下车呀？小七爸爸说大姐不让下。康大姐就把小七拉了下来，说不要怕，是康奶奶让你下来的。康大姐拉着小七走到休息室，还拿来汽水给她喝，结果小七喝多了汽水老想上厕所。那天，接到邓大姐后车队出发就不能随意停车了，邓大姐听说小七要解手，急得直催司机快点开，还准备了小毛巾让小七应急。车子一进西花厅，邓大姐就叫司机赶快停车让小七下去方便，她说："可别把我的宝贝小七憋坏了。"

小七十岁那年，邓大姐破例为她和小梅两个孩子各题了一幅字，给小七儿的那幅题的是："好好学习，天天向上。书赠我们的孩子赵琦留念，一九七九年八月二十七日，奶奶。"我的女儿后来一直把奶奶邓颖超的这副题字挂在墙上，作为对自己的鞭策。

1984 年，我们家分了一套新房，跟着我在办公室睡了几年的小七要搬出中南海了。拿到房子钥匙那天，邓大姐执意要出钱给小七买一张新床，她说孩子大了，自己要有一间屋子了，也一定要有一张新床。我和女儿都说不要她破费了，我们的旧床还可以用，可邓大姐坚决不依，她说小七是我保下来的，搬了家床一定要买张新的。她还指着我说："赵炜，你带着小七去挑，一定要买一张小七喜欢的床。"那天我们推辞半天也没能拧过大姐，最后，我带着女儿出去挑了张实用的双人床，钱由大姐和我各出一半，以表示奶奶和妈妈的一番心意。

直到现在，那张大床还在我家摆放着，小七从美国回来也总要到那张床上躺一躺。

# 我认识了 "李知凡太太"

1937年，邓颖超因为肺病到北平疗养，当时周恩来化名李知凡，她自然也就成了李知凡太太。在疗养期间，邓颖超认识了一个多才女子胡杏芬，后来胡杏芬写了一篇著名的叙事散文《李知凡太太》，文章最早发表在1941年5月上海出版的《妇女知识丛书》第八期上。实际上，邓颖超很喜欢《李知凡太太》，对那段时光曾经留下的欢愉也记忆犹新，几十年过去，在她的脑海中不仅依旧记着当年那位早逝的病友，而且还牵挂着另一位病友小陈。作为邓颖超最亲近的秘书，赵炜亲眼目睹了她在相当长一段时期里对北平往事的思念。

在邓大姐身边工作，我当然对她过去的经历知晓一些，但对许多史实的详情却不甚了解。比如我曾听说过邓大姐抗战前在北平养过病，但是具体时间、地点、情节却全然不知，后来，还是邓大姐促使我全面了解这段历史的。

记得那是1973年的春天，有一天上午，我走进邓大姐的办公室发现她坐在沙发上沉思。"大姐，有什么事吗？"我悄声问，以为是出了很重要的问题，当时正是"文化大革命"时期，每天都可能出现一些意想不到的事情。

邓大姐让我帮她拿出办公桌的抽屉钥匙。

"要什么？"我问。

"把我的小笔记本拿出来吧。"邓大姐说的这个本子我非常熟悉，这是她经常抄录东西的一个小本子，平时就锁在抽屉里。

我拿出笔记本，邓大姐又说："还有一个牛皮纸的信封，里面装

162

▲1937年，邓颖超在北平的福寿岭平民疗养院

第三章 ■ 西花厅岁月

▲ 邓颖超（左）与张晓梅在北平的福寿岭平民疗养院

的是旧报纸。"我上下翻看了一下，在抽屉最底下发现了那个牛皮纸信封，就抽了出来。我把信封里的旧报纸拿出一看，里面有一篇写有《李知凡太太》标题的剪报。

"是《李知凡太太》，对吧？"

"对。你可以拿去看看，看完了再还我。"邓大姐说完就没讲什么，我们打开文件夹开始日常办公。

快到中午，我拿着那个牛皮纸信封回到自己的办公室，心里急着想读邓大姐保留下的那篇文章。以前，我从未见过邓大姐保存的剪报，那么，她把这篇文章保留下来一定有某种特别的意义，要不，她为什么还让我拿来看呢？

我坐下来，急不可待地读起《李知凡太太》，甚至到食堂打饭菜也是连跑带颠，饭买回来也顾不上吃，就一口气先读完了那篇文章。

读着读着，我明白了，这位李知凡太太不就是大姐嘛！这篇文章讲的是邓大姐 1937 年在北平养病时的往事，作者胡杏芬是当年和她同居一室的病友。

下午，等邓大姐起床后，我把纸袋还给她。"大姐，文章全都看完了。"

"哟，你这么快就看完了？"邓大姐挺惊讶。

"拿回去就看呗，我看完了才吃的饭。"我说着又拿出钥匙，细心地把牛皮纸袋锁到抽屉里。

"你看出《李知凡太太》是怎么回事吗？"邓大姐问。

"是写您的。"

邓大姐点点头。

"写得太好啦。"我由衷地说。

没等我接着问，邓大姐就缓缓给我讲了起来："那是 1937 年初夏的事啦，我的肺病又复发了，经过邢太太（注：即徐冰同志的夫人张晓梅，地下党员）联系，党组织决定我到西山的平民疗养院疗养。那是一所私人疗养院，距离城市很远，地方也偏僻，但是环境很好，靠山，安静，景色也秀丽。因为收费便宜，那里的病人大都是学生和教职员工。李知凡是恩来的化名，我当时的化名是李扬逸。胡杏芬是我的同屋室友，我们俩朝夕相处，成为很好的朋友。那时她叫我'我的太太'。"

谈到胡杏芬，邓大姐流露出很深厚的怀念之情，"她是一个很有文学才华的青年，为人很好，也很真诚，可是她这个人感情脆弱，性格孤僻，都是由环境造成的。"

邓大姐说，她到重庆后知道胡杏芬又住院了，就马上去看她，后来她病重时还和恩来一道去医院看过一次，但那时胡杏芬已经起不来床了。后来，胡杏芬住在歌乐山上，离重庆市区比较远，因为交通不

第三章 ■ 西花厅岁月

165

方便，邓大姐也很久没去看她。"有一次，我和恩来去沙坪坝看一个同志，恩来想起这里离胡杏芬家不远，就说好久不见胡杏芬了，去看看她吧。谁想到我们到她家才知道她已经去世了。当时我们心情很沉重，问清了埋在什么地方后还到她墓前凭吊了一下。她去世的时候才26岁，死得太早啦，真可惜。"讲到胡杏芬的去世，邓大姐的声音有些嘶哑，听得出，她老人家对这位昔日病友的早逝感到十分惋惜。"我和恩来那时工作忙，本来她有什么话都对我们说的，在她走之前，我和恩来什么忙也没帮上，没有尽到朋友的责任。"说到这儿，邓大姐的语调中透出些许内疚，这让我十分感动，邓大姐的工作这么忙，一个偶然相识的病友还竟让她在心里惦记了好几十年。

听邓大姐讲，胡杏芬之死是因为她结交了一个男友，而且在他身上倾注了自己的全部感情。但那个人没有考虑到胡杏芬的身体情况，让她怀了孕，因而不得不流产，这就导致了她的病情恶化。而在这种时候，那个无情无义的男人又离开了她。恋爱上受到的打击和病体的折磨，使胡杏芬一下子就垮了。"她最后死得很惨"，大姐有些伤感地说。

沉默了一会儿，邓大姐又缓缓背出四句话："人本孤独生，当作孤独想，尝尽孤独味，安然孤独死。"

"这是胡杏芬写的，她把自己的一生看得很透，真的就这样孤独地离开了人间。"邓大姐说，她和恩来不愿意胡杏芬就这样孤独地被埋在山里，商量后决定为她立一块墓碑。回到重庆，他们就选好石料，还请石匠在墓碑上刻了两行字："胡杏芬女士之墓，李知凡、李扬逸共立"，碑刻好后，本来邓大姐和总理想亲自立到墓前的，可由于国民党发动了第二次反共高潮，他们的行动受到限制，结果这块已经刻好的碑就一直没能立成，后来也不知失散到哪里了，几十年来，这也成了邓大姐心中的一件憾事。

关于《李知凡太太》，据邓大姐讲，最早是发表于1941年。当时她在重庆不好发表，就让友人寄到上海的《妇女知识丛书》发表了。后来朋友把剪报寄给她，她就一直珍藏着。这几年，她怕文章放久了纸会坏，又让人帮着重抄了一份，"这也算是我和她的偶然相遇的纪念吧"。

看到邓大姐对胡杏芬的这份友情，我就问她："大姐，解放后您去过疗养院吗？""没有。"邓大姐回答。我想，以后有机会应该陪她到西山走走，也许我们还能找到当年的疗养院遗址呢。

机会终于来了。夏日的一天，我陪着邓大姐去西山寻访她当年疗养过的旧地。那天，我们吃完早饭就动身了，到了西山后很快就找到了疗养院的故址福寿岭，巧的是，疗养院的那些旧房子也还在。邓大姐的记忆真好，一看到那排陈旧的平房，她就兴奋地指给我说："这是男病人住的房子，我们女病人住的还得往上走一点，在小山坡上。"我们本来还想往上走去看看邓大姐住过的病房的，后来遇到一位老太太，告诉我们说上面那排房子已经倒了。邓大姐上前和老太太聊起来，故地重游的她显得格外高兴。说来也奇怪，西山那地方解放后变化很大，可唯独疗养院遗址那块地没有什么变化，这倒让邓大姐了却了她思怀的心愿。

回来的路上，邓大姐一直说，没想到还有旧址，还能见到老房子，我原来以为看不着了。那天从西山回来，邓大姐很兴奋，一路上都在讲着她在西山疗养院如何交朋友，如何去李王坟散步，如何在病人中募捐慰问伤员，最后又是如何离开疗养院的，说实在的，我真佩服她的记忆，那时她已经整整70岁，可是讲起这些30多年前的事还非常清晰。邓大姐还遗憾地说，周总理曾经于1956年在北京饭店遇见过胡杏芬的外甥女，当时回来告诉过她，可后来地址找不到了，而胡杏芬的这个外甥女大概怕打扰邓大姐，也一直没来。

▲ 离开北平后的邓颖超

　　天地那么大，可有时熟人相见却又那么巧。从西山回来后的第四年——也就是 1978 年，4 月 11 日，邓大姐应人民文学出版社韦君宜同志的请求在西花厅见她，和她一起来的另一位同志叫朱盛昌。那天邓大姐谈完工作后又和韦君宜谈起抗战前清华大学的一些往事，朱盛昌在旁边听着对邓大姐记忆力的清晰感到惊奇，忍不住就插了一句话："邓大姐，您的记忆力真好，几十年前的人和事都记得。那您认不认识清华有一个叫胡杏芬的？"听朱盛昌这么一问，邓大姐立刻说："认识，怎么能不认识呢，胡杏芬我熟得很。"接着邓大姐急忙反问："你怎么知道胡杏芬呀？"朱盛昌说："她是我爱人的三姨。"邓大姐一听高兴极了，连说总算找到你们啦。接着，邓大姐应朱盛昌的要求，又一次讲了她同胡杏芬的交往及后来为她立碑的事情。后来，邓大姐让朱盛昌把地址、电话留下，她说："恩来生前就想通过你们了解胡杏芬的情况，今天是偶然的收获。以后等我有时间，身体好时再找你们谈谈。"邓大姐还答应朱盛昌以后把她那份珍藏多年的剪报找出来让他读读。

送走了客人，邓大姐叮嘱我这次一定要把地址、电话收好。过了几个月，她又让我找出《李知凡太太》和三张胡杏芬的照片送给胡杏芬的外甥女洪济群和朱盛昌。邓大姐请洪济群同志来西花厅做客是1980年12月20日的事，那天她详细了解了洪济群的家庭和工作情况，也回忆到她和胡杏芬的交往。临别时，老人家执意要将客人送到大门外。送客回来，邓大姐一个劲儿对我说："她真像她三姨，真像。"

20世纪80年代中期，《李知凡太太》在《瞭望》、《新观察》、《东西南北》杂志和《文汇报》先后发表过几次，也曾作为单行本出版并被翻译成英文。邓大姐知道这篇作品被多次发表后感慨地说："是胡杏芬的文笔好，四十多年后再发表还受到读者欢迎，这是我没想到的。胡杏芬是值得纪念的朋友。"邓大姐还认真读了这篇重新发表的作品，并给《瞭望》编辑部写了封信提出一点更正意见。邓大姐在信里说："我看到《瞭望》7月号发表了与我有关的一篇作品《李知凡太太》，我看后觉得你们因原稿太长而删节了，很好，只是在编者按里有一点我想核实一下，就是未树立的石碑，落款的名字是：李知凡，未有'先生'，（当时住院为李扬逸）没有'太太'二字，特向你们说明。"另外，邓大姐还提出一点意见："在党和国家领导人前面加'卓越'二字，我实在不敢当，最好什么形容词都不要加，否则你们加'著名'二字也就可以了。"

无独有偶，因为《李知凡太太》的重新发表，邓大姐又见到了一个她曾经在西山疗养院时的病友小陈。小陈叫陈溶，当年在西山时只有15岁，她看了《李知凡太太》之后写了一篇《关于西山平民疗养院》的文章发表在《北京晚报》上，邓大姐读了这篇文章，就让我派车把她接到西花厅一叙。和小陈离别40多年后的这次重逢令邓大姐很高兴，一见面，她就拉着陈溶同志笑着问："你看我还像李太太吗？"拿着小陈带来的在疗养院和病友们的合影，邓大姐仔细地一一辨认起当年的病友。她的记忆可真好，还能指出很多人并提起一些当年的往事。小陈说："大姐，我当时就奇怪，您怎么从来不和我们一起照相。"邓大姐说："我的身份不允许随便暴露呀。"

小陈回忆起"七七"事变后曾见到一位身材高大的男同志急匆匆来找过邓大姐，后来邓大姐就出院了。她问邓大姐那人是不是"李知凡先生"？邓大姐笑了："恩来同志那时在西安，那次来见我的是南汉宸同志，他通知我必须立即离开北平。"

说到"七七"事变，小陈又问邓大姐，当时她们从疗养院撤回城里时乘坐的是一辆插了美国国旗的大汽车，是不是周总理的关系给搞的？邓大姐肯定地说："不是，恩来那时候根本没有去过北平，怎么是他的关系呢？"后来邓大姐回忆起撤离疗养院时她是先乘人力车走的，"你们大家不是还都出来送我吗。"邓大姐离开疗养院直奔西直门，到那儿已经是中午了，因为城门关着进不了城，就找了一个小饭馆吃了点饭。"到下午一点钟，看到一辆汽车过来，上面的确插着一面美国国旗，我一看里面都是平民疗养院的人，就和你们打招呼，你们在车上喊'上来吧，上来吧'，我马上就挤上去了。车上没有美国人，我估计是芦大夫通过美国红十字会的关系弄来的。"邓大姐告诉小陈，她到了北平在张晓梅同志家住了两天就去了天津，后来又从天津乘船到烟台，再转道济南，经蚌埠最后才回到西安。

邓大姐还埋怨小陈没早和她联系，小陈说解放后她早就从电影上认出邓大姐了，只是没好随便打扰。邓大姐认真地说："我们不是病友吗？一成朋友，终生之交，怎能说打扰呢？"那次邓大姐和小陈畅谈了一个多小时，分别时还热情地送她到门口。

1992 年，邓大姐去世后，《李知凡太太》由中国妇女出版社又再版了一次，这次是由胡杏芬的外甥女洪济群同志提议的，以此作为对邓大姐的一种怀念。

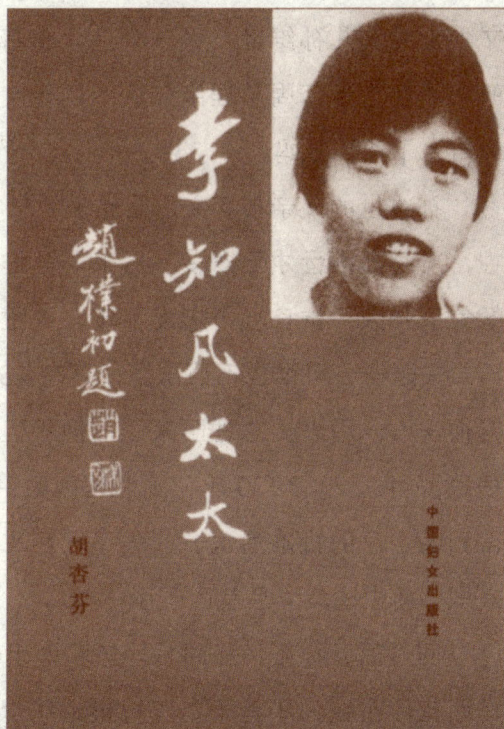

▶邓颖超去世后再版的
《李知凡太太》

# 周总理的两个干女儿

虽然邓大姐和周总理没有自己的后代，但他们在很多烈士的后代身上倾注了父母般的关爱。曾经有文章说周总理和邓大姐养育了十个烈士子弟，这十个孩子是谁，赵炜没考证过也没问过大姐，但周总理和邓大姐对孙炳文烈士的女儿、李少石烈士的女儿和李硕勋烈士的儿子，还有蔡和森、钱壮飞、张采真烈士的儿女在成长过程中始终给予了慈父慈母般的关怀，有很多小事都是她在西花厅亲眼目睹的。

周总理和邓大姐关注的烈士子女很多，但在这些烈士子女中，能一直和周总理邓大姐保持着非同寻常联系只有两人，她们一个是孙炳文烈士的女儿孙维世，另一个是李少石烈士的女儿李湄。这两个烈士的女儿都是当年周总理亲自认下的干女儿，她们一直称呼周总理和邓大姐为干爸、干妈。

孙维世的父亲孙炳文是周恩来的早年战友，1927年在大革命中牺牲，当时孙维世才五岁多。后来，孙维世兄妹四个在母亲任锐的艰辛抚养下长大，抗日战争爆发那年，孙维世跑到武汉的八路军办事处申请要去延安，可谁也不认识她，只有16岁的孙维世一个人站在门口哭得很伤心。后来周总理回来了，他不但认了孙维世为干女儿，后来还把她带到延安。1939年，周总理因为手臂受伤要去苏联治疗，孙维世得到毛主席的批准后也一起去了，后来，她就留在苏联学习了六年多戏剧，新中国成立后就回国了。

回国后，孙维世和周总理与邓大姐的感情非常好，1950年她独自在西花厅布置为干爸干妈庆祝银婚纪念日，令周总理和邓大姐大为感

▲ 周恩来和孙维世在莫斯科

第三章 ■ 西花厅岁月

动。后来，孙维世要嫁给金山，周总理和邓大姐虽然不同意，但也没硬拦，所以在她结婚时周总理特意让邓大姐带去一本《中华人民共和国婚姻法》当作贺礼。所有在场的人都明白，周总理是想给孙维世的丈夫金山戴上个紧箍。

在以后的十几年，孙维世和周总理与邓大姐的关系一直很紧密，我在西花厅工作后还经常见到她来。那些年，孙维世给周总理和邓大姐写过很多信，在信里，她称他们为"亲爱的爸爸妈妈"。

尽管周总理和邓大姐十分喜爱孙维世，但在"文化大革命"中也没能保下这个烈士的后代——因为江青拼命要往死里整她。1967年12月，公安人员闯进了孙维世的家，先是以"特嫌"的罪名逮捕了她的丈夫金山，后来又把孙维世也送进了监狱。后来我们听说，孙维世在牢房里一直戴着镣铐，还经常遭到毒打。

孙维世是在1968年10月4日被迫害死的，她死在监狱中，停止呼吸时还戴着镣铐。当周总理和邓大姐听到孙维世去世的消息后十分难过，但在那种非常时期他们无法表现心中的悲痛，只有默默地在心

◀快乐的妈妈
（左后为孙维世）

▲ 邓颖超与孙维世母女俩

中悼念。

　　几年以后，邓大姐心里还一直怀念着孙维世，她对我说："维世就是太耿直了。她是个急性子，要不，她也不会死得那么惨。"想到干女儿的无辜惨死，邓大姐十分痛心，"死得太可惜啦！"她感慨着。

　　失去孙维世这个干女儿以后，周总理和邓大姐对烈士子女暗中关心得更多了，这其中他们也给了李湄更多的爱。

　　周总理是在 1942 年 8 月认下李湄这个干女儿的。那年，周总理调廖梦醒协助宋庆龄恢复保卫中国同盟的工作，廖梦醒带着李湄和叶挺的夫人李秀文及其女儿杨眉一同从澳门到了重庆。在廖梦醒和李秀文抵达重庆后，周总理当即在曾家岩 50 号宴请她们，当时两位母亲带着两个女儿一起去了。见到周总理后，李湄和杨眉亲热地叫了一声周伯伯，周总理则一手一个拉着她们，高兴地说："叫干爹吧！"就这样，李湄和杨眉就成了周总理的干女儿，虽然邓大姐当时不在现场，

175

但她也顺理成章地成为这两个女孩儿的干妈。

　　1945年10月8日，曾经担任过周恩来秘书的李少石同志在重庆遇害，周总理闻讯后立刻把烈士的妻子廖梦醒和女儿李湄接到红岩村的八路军办事处住了一段时间，他和邓大姐把这个失去父亲的烈士女儿当成自己的孩子，无论在生活上和政治上都给予了极大关心。为了鼓励失去父亲的李湄在学习和生活上有更大的进步，那年11月，周总理给她题过一幅这样的字：

　　自力更生，前程远大！

　　　　　　给李湄干女

　　　　　　　　　　周恩来

　　　　　　　　　　十一·十八

　　李湄和妈妈在红岩村住了一段时间，不久她们去了上海与何香凝老人会合。1949年4月，何香凝在女儿廖梦醒的陪同下，带着外孙女李湄和孙子廖兼、廖晖（廖承志的两个孩子）从香港来到解放后的北平，当时，廖承志本想送李湄到苏联去学习，但李湄一心想参加革命，后来就去了华北大学的一个政治训练班。当这个班夏季毕业时，正赶上南方一些城市陆续解放，因此学员们都积极要求南下。当时，李湄也想到南方去，可她妈妈正陪着邓大姐在上海接宋庆龄准备来北平参加第一次政治协商会议，她一时无法征求妈妈的意见。着急的李湄想到了干爹周恩来，就给他写了一封信。周总理见信后，当天就给李湄回了一封信，表示了自己的意见。信中说：

　　李湄：

　　七月二十三日来信收到。你是否应该立即工作还是继续学习应由

176

▲ 1946年是廖仲恺遇难21周年，周恩来夫妇同董必武（左一）、廖梦醒（右三）、廖承志（左三）、经普椿（左二）及李湄（前排女孩儿）在廖仲恺先生的墓前

第三章 ■ 西花厅岁月

▲周恩来同烈士女儿（左一及右一）及侄女在一起

学校负责机关及你所属的团组织来决定，我们不应从旁干涉的。你要问我个人意见，我不反对你工作，但工作地区不宜离开你妈妈太远。到群众中去，北方有群众啊！你好。

周恩来

七月二十三日

在给李湄的这封信中，体现出了周总理对廖仲恺女儿廖梦醒的关心，因为他实在不想让那位已经失去丈夫的烈士妻子再远离唯一的爱女。李湄听从了干爹的意见，她后来留在北京，工作一直很努力。

"文化大革命"中，虽然邓大姐给自己制定了"不和人随便来往；不和人通信；有人来找不见"的"三不政策"，但对于干女儿李湄却是例外。

1975年夏天，李湄收到一封辗转传来的信件，写信人是刘少奇的儿子刘源。当时，刘少奇已被迫害致死，他的夫人王光美也在狱中，家里几个大孩子都被赶到外地，只有最小的一个妹妹留在北京。刘源要求将此信转给周恩来总理，希望将他从山西调回北京，以便照顾最小的妹妹。那时候，由"四人帮"发动针对周总理的"批林批孔"硝烟尚未散尽，而且他此时正在重病之中，因此李湄收到信后很是为难了一阵。但最后，李湄还是硬着头皮给邓大姐打了一个电话说想见她，邓大姐同意了，并且让我到西花厅门口去接她。见面的时候，李湄拿出了刘源的信。邓大姐认真看了以后轻轻说了一句"我试试看吧"。

没想到，仅仅过了十几天，刘源就被调回了北京。这件事，可以说是刘源托对了人。如果不是李湄，这封信可能根本到不了邓大姐手里，事情也不会解决得如此之快。而邓大姐之所以在那样压力重重的情况下肯见李湄，也正是因为她出于对干女儿的喜爱和信任。

西花厅岁月

DISIZHANG

# 第四章

一个伟大人物是依靠人类共同生活而生活的
他无法对世界的命运
对巨大的事件表示冷淡
他不能不理解当代的事件
这些事件一定会对他发生影响
不管采取的是什么形式

——赫尔岑

# 重回总理值班室

如今，50 岁左右的人脑海中大概都少不了关于"文化大革命"的记忆，虽然在那动乱的年代，他们都还只是些不谙世事的孩子。"文化大革命"在中国的历史上留下了许多让人疑惑的问号，赵炜在西花厅经历了这个特殊的年代。

我给邓大姐当秘书的第一年，她还在全国妇联担任领导职务。因为身体的原因，邓大姐不管具体工作，所以我的工作也不太忙，只是经常去妇联参加一些会议，回来后向她汇报。

1966 年夏天，"文化大革命"开始了。过了一段时间，邓大姐便告诉我不要再到妇联听会，免得引起事端。那时候，总理值班室人少事多，几个同志忙不过来，周总理和邓大姐商量了一下，说让我有时间就去值班室帮忙。因此，那一时期，我几乎有四分之三的时间是在总理值班室工作，只有邓大姐在特别需要或出去的时候我才到她身边。

"文化大革命"的形势发展得出乎人们意料，很快，街头上到处都是红卫兵和带着各色不同字样红袖章的造反派。开始，我们对外面的情况都不了解，只以为对毛主席发动的"文化大革命"应该有个积极态度，因此也去参加当时机关里各派举行的一些会议——那时就连我们所属的中南海警卫局都分派别了，说实在话，我们去开会的目的只是想去多听听。但听着听着，心里就感觉这股到处造反的潮流不对头，可这疑惑谁也不敢公开说出来。一天，我在值班时接到一个电话，是地质部的领导同志打来的，说是地质部的造反派要夺权，请我马上报

▲ "文化大革命"初期，周恩来总理同解放军战士在一起

第四章 ■ 西花厅岁月

西花厅岁月

▲毛泽东与周恩来在天安门城楼上

告总理。我放下电话就向周总理报告，周总理听了报告后紧锁着眉头，看得出他内心里正在仔细考虑着怎样解决这个重大问题。良久，周总理才说话："告诉他们权可以夺，但一定不能乱来。"

就在这次电话后，周总理和邓大姐都在没人的场合分别嘱咐过我，不要出去参加那些会，也不要介入哪一派。周总理还特别强调："无论哪里来电话，你都只听不说，不要表态。"在周总理和邓大姐的亲自关怀下，西花厅的工作人员基本都投入到正常的工作中，也没分什么这派那派的。当时我的信念很简单：自己在周总理邓大姐身边工作，一定不能给他们找麻烦。

形势发展得越来越严重了，有一次，邓大姐把我叫去，告诉我她订下了三条原则：一不和人随便来往；二不和人通信；三是有人来找不见。邓大姐让我按这"三不原则"处理一般交往事务，尽量少和外面联系。听邓大姐这样一说，我心头的阴影也更大了，但又不便多问，只好点点头表示知道了。

## 在 "红卫兵" 大串联的日子里

经历过 "文化大革命" 的人一定不会忘掉 1966 年的 8 月 18 日，从那天以后，数以百万的外地人流打着红卫兵的旗号涌进北京，大串联开始了。那时，中国的铁路、公路和各地所有有接待能力的地方都体现出 "共产主义" 风格，很多人居然凭着一纸介绍信和口袋里的几个钢镚儿，就完成了游遍半个中国的壮举。

进入 8 月，"红卫兵"闹得更厉害了，全国各地的"红卫兵"铺天盖地来到北京搞串联，8 月 18 日，毛主席穿着一身绿军装在天安门广场接见了第一批"红卫兵"，从此"红卫兵"来京的潮流就愈发不可收拾。一时间，北京的大街小巷都是戴着"红卫兵"袖标的人流，街道、工厂、学校甚至各部委都成立了"红卫兵"接待站，即使这样，源源不断涌入北京的"红卫兵"还是住不下，几百万青年学生的吃、住和安全都成了周总理要亲自过问的事儿。没办法，周总理批准"红卫兵"住进了中南海北区的紫光阁、武成殿和小礼堂等地方，机关的几个工作人员食堂也改为专为"红卫兵"做饭，我们只好都到警卫部队的食堂入伙。中南海开始接待"红卫兵"了。

"红卫兵"住在中南海期间，周总理曾多次到他们的住处看望，有时他半夜回来也去那儿走一圈，碰上睡觉不老实的孩子还给披披被子。

▼周恩来总理指挥"红卫兵"高唱革命歌曲

邓大姐也以中南海家属的身份去看过"红卫兵"。"红卫兵"住进中南海，接待处给他们明文规定不许进入毛主席居住的南区，但却没规定他们不能进入西花厅。"红卫兵"真要进来怎么办？我问邓大姐。邓大姐说："他们如果真要想进来看看，你们不要挡，要表示欢迎嘛。"我把邓大姐的意见告诉其他同志，有人说西花厅院里没有革命气氛，建议也挂条大标语，后来不知是谁想的就挂了块"千万不要忘记阶级斗争"的语录牌儿。幸运的是，"红卫兵"一直没有到西花厅来，也许因为西花厅的大门不显眼，他们根本就不知道周总理住在这座小院里。

那年从8月到11月，毛主席一共接见了"红卫兵"八次。每次，周总理都要细致地听组织人员汇报接见方式和地点、人员安排等，而且还要从头至尾陪着毛主席接见。毛主席八次接见红卫兵，接见方式也变动了八次。一开始，毛主席和中央领导同志站在天安门城楼上等"红卫兵"的队伍走过，可百十多万人的队伍，全都走过去要花好几个小时，而且那些孩子们为了看清楚一点，走得都很慢，这就让毛主席、周总理和其他中央领导这些年近古稀的老人感到很累。

后来再接见时，不让"红卫兵"走了，让他们站在卡车上列队经过天安门，这样倒是快得多，可用的车太多了也受不了。最后，是让"红卫兵"列队，毛主席和中央领导乘坐敞篷车检阅，可是"红卫兵"又都往前挤，有一次还挤伤了一些人，周总理只得在接见后又到医院去慰问他们……

第四章 ■ 西花厅岁月

▲ "文化大革命"期间，身穿绿军装臂带"红卫兵"袖标最为时髦，身为国务院总理的
周恩来也穿上了这身代表着特定历史时期的"红色"装束

# 一个阴霾密布的冬天

1966 年的冬天，"文化大革命"从揪斗地方上的"地富反坏右"发展到揪斗一些参加革命多年的老同志，就连很多在中央工作的高级干部也未能幸免。那时候，北京街头闹得最凶的就是大中院校的"红卫兵"，他们提出的口号是：舍得一身剐，敢把皇帝拉下马。

好不容易把接见"红卫兵"的活动告一段落，北京已经进入了冬天。

那阵子，周总理太累了。从各地进京的这派那派头头每天都闹着要中央领导人接见，周总理不得不抽出大量时间和他们交谈；他还要和有关人士谈话、参加一个又一个的会议，经常是在天亮后才疲惫地回到西花厅。看到周总理这样劳累，我们实在不忍心让他回到办公室后再批阅那些似乎永远也批不完的文件，就对送呈的文件精心挑选，把那些非得周总理批示的文件摆在他的办公桌上。

最让人焦心的是，周总理回到西花厅后也休息不好。在一些人别有用心的挑动下，府右街每天都造反呼声不断。赶上最高指示发表的日子，府右街就更乱得让人头昏脑涨，大队大队的群众不分白天黑夜从四面八方赶来游行庆贺，整条府右街被堵得水泄不通，锣鼓声、鞭炮声、口号声震耳欲聋。西花厅和府右街只有一墙之隔，吵得最厉害的时候，院子里几天几夜都处于高分贝的噪音之中，连我们都觉得难以忍受，周总理更是休息不好了。

到了 12 月，许多令人意想不到的事件发生了。12 月 4 日，原北京市委第一书记彭真被红卫兵绑架后不知去向。彭真是在 1966 年的 5 月被免除北京市委第一书记职务的，当时由于毛主席不点名批评了他，说北京市委针插不进，水泼不进，是独立王国，所以彭真就挨了批判。但彭真是为新中国建立做出过特殊贡献的老革命，虽然不当北京市委书记了，可他当时还是中央政治局委员，怎么能不声不响就被人绑架得不知去向呢？

当接到彭真同志被绑架的电话后，同志们都感到非常吃惊，同时也想到问题的严重性。我们马上向周总理汇报，周总理听到这个消息后，急得马上把北京几个知名造反派的头头约到国务院会议厅，希望搞清彭真的下落把他接回来。但遗憾的是，周总理那天和造反派几个小时的谈判没有结果，除了了解到是哪个组织把他弄走的和"他一次可以吃两个窝窝头"之类的情况，其他信息一无所获。最后，周总理只好批示北京卫戍区一定要找到彭真并把他营救出来。

彭真被绑架事件，让周总理感到了山雨欲来风满楼，他开始为那些被造反派重点冲击的党和国家领导人担心，很长一段时间我都没见

▼1967年1月4～10日周恩来总理的活动记事

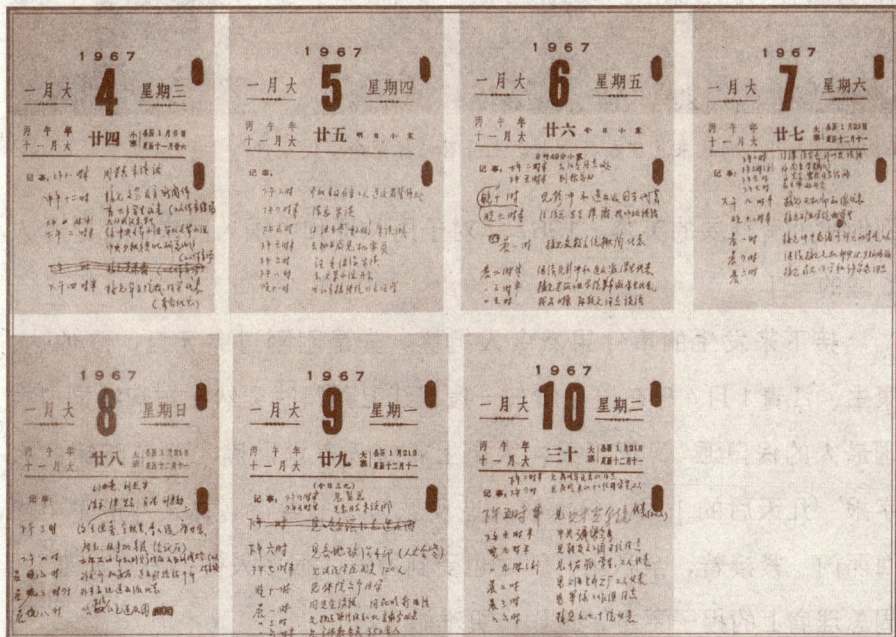

▲1967年1月，周恩来总理在群众大会上号召"抓革命、促生产"

到他脸上有舒展的笑容。1967年对于周总理和中国人民来说都是令人心酸的一年。

接下来发生的事件果然令人担忧。先是刚刚过完元旦，陈伯达、康生、江青1月4日在接见广东一拨"红卫兵"时突然宣布陶铸是"中国最大的保皇派"，第二天，大街上就铺天盖地贴满了揪斗陶铸的大字报；几天后的1月8日深夜，造反派为了揪斗谭震林又冲进了中南海西门；紧接着，余秋里、贺龙也受到冲击，很多人被搞得有家难归。周总理肩上的担子更重，工作也更难做了。

# 我们给总理贴了 "大字报"

"文化大革命" 期间，周恩来总理的身体得到同志们的关心，老百姓也时时惦念着这位人民好总理的健康。每当周总理的照片出现在报刊中时，街头巷尾总会有老百姓细细端详他的面容。关心周总理，赵炜和她的同事们更有条件，他们的做法代表了全国人民的意愿。

周总理明显地见瘦了，既是因为劳累，也是因为心里不舒畅。从元旦过后，他一出门总要到凌晨两三点才能回到西花厅，而一回来，就又是坐在办公桌前批阅那些似乎永远也批不完的文件。很多人都劝周总理注意休息，但无论是邓大姐写字条还是我们的当面劝说，对周总理都不奏效，就连医生也对他无可奈何。

眼见着周总理日益憔悴，我们很心痛也很着急，怎么能让周总理早点休息呢？大家都在琢磨着。有一天，周总理回来后顾不上休息又在办公室继续工作，大家就聚在警卫室里，议论起如何想个能让周总理休息的办法。

"我们也给总理写一张大字报吧！" 有人提议说。

写大字报是当时最时髦的革命形式，这个建议得到大家的一致赞同。再一商量，给周总理写大字报草稿的任务就由赵茂峰担当起来——因为赵茂峰平时爱看书，字也写得好，连周总理向客人介绍时都说他是西花厅的秀才。

大字报怎么写？大家你一言我一语地开始凑词儿。第二天，赵茂峰就把大字报的草稿写好了，他拿来交给大家传阅修改。大字报的原文是这样的：

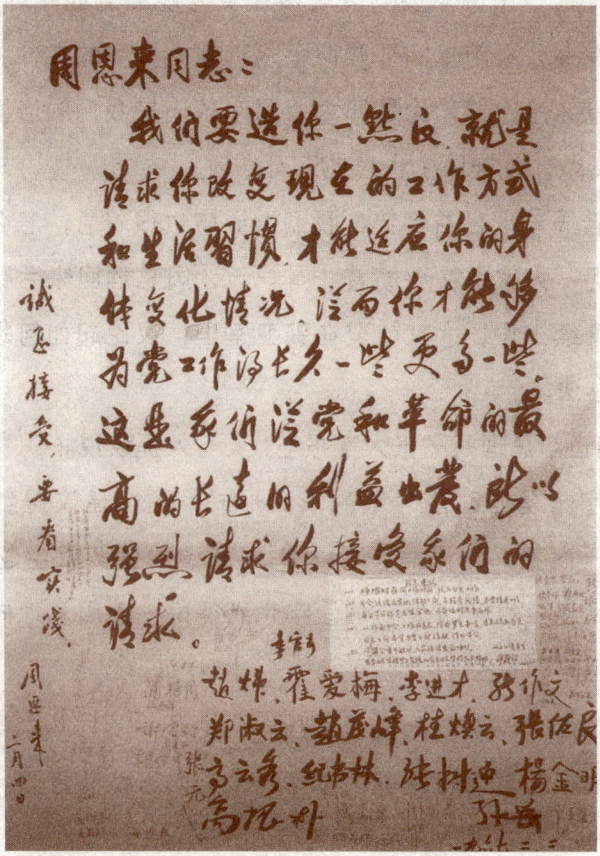

周恩来同志：

我们要造你一点反，就是请求你改变现在的工作方式和生活习惯，才能适应你的身体情况，从而你才能够为党工作得长久一些、更多一些。这是我们从党和革命的最高的长远的利益出发，所以强烈请求你接受我们的请求。

大字报的落款日期是 1967 年 2 月 3 日。

大字报是写好了，可还得交给邓大姐看一下才能最后定稿。茂峰把稿子交给我送去给邓大姐看，邓大姐看后在第三句的身体后面加了“变化”两个字，因为那时周总理已经患有心脏病了。邓大姐修改后稿

周恩来同志：
我们要造你一点反，就是请求你改变现在的工作方式和生活习惯，才能适应你的身体变化情况，从而你才能够为党工作得长久一些更多一些。这是我们从党和革命的最高的长远的利益出发，所以强烈请求你接受我们的请求。
赵炜、霍爱梅、李进才、张作文、郑淑云、赵茂峰、桂焕云、張佐良、高云秀、纪书林、陈树连、楊金明、高振普
诚恳接受，要看实践。
周恩来
二月四日

▶ 西花厅工作人员联名给周恩来总理贴的“大字报”

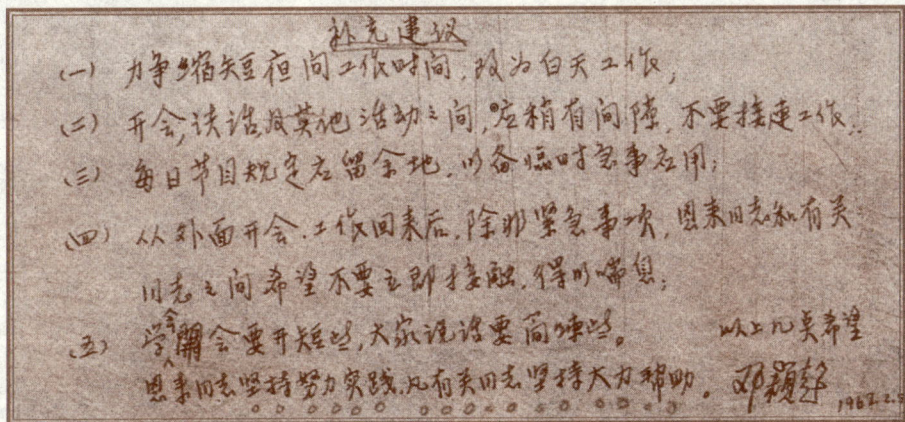

▲ 邓颖超大姐让赵炜补充的建议原文

子就定了，我们上街买了一张粉红色的纸，照着总理办公室门的大小裁好——大家觉得总理办公室的门是贴大字报的最佳地点，这样周总理进办公室之前就可以看到了。

抄写大字报的任务自然又落在了赵茂峰肩上，他把大字报抄好后大家纷纷在上面签名，那回签名的有秘书、卫士、医护人员等等足足20多个人，邓大姐也在上面签了名。

签完名，我们把大字报在总理办公室的门上贴好，周总理回来时就看到了。他认真读了以后笑了笑，第二天把大字报取下来在上面批了八个大字："诚恳接受，要看实践。"

贴大字报的第二天上午，邓大姐对我说："你们写那张大字报是关心恩来的工作和身体，贴得好，不管起到什么作用这都是一件好事儿。可你们说得不全，虽然我是看过的。我想了想还得再提几点补充意见，明天上午再写。"

2月5日上午，我进到邓大姐的办公室后，她对我说："你拿出笔和纸。我已经想好了五条建议，我说，你写，一下写成就不用再重抄了。"

接着邓大姐口述了五条建议的内容：

195

▲ 1969 年，周恩来总理在中国共产党第九次全国代表大会上

（一）力争缩短夜间工作时间；

（二）开会，谈话及其他活动之间应稍有间隙，不要接连工作；

（三）每日节目规定应留有余地，以备临时急事应用；

（四）从外面开会工作回来之后，除非紧急事项，恩来和有关同志之间希望不要立即接触，得以喘息；

（五）学会开会要开短些，大家说话要简练些。

以上几点希望恩来同志坚持努力实践，凡有关同志坚持大力帮助。

邓颖超

1967.2.5

大字报贴出后，凡是到西花厅的领导同志，如陈老总、聂老总、叶帅等看了后都签名表示支持。

可惜的是，虽然这张大字报代表了全国人民的心情，但对周总理的"威慑"却一点不大，他依旧不分白天黑夜地开会、接见、找"红卫兵"谈话，回来后还要面对那一摞摞急于批阅的文件。后来周总理跟我们解释说："我不能休息呀，你们看，这么多的文件都等着我批，这么多的事都等着我办，我能休息吗？"

周总理的话说得对，我们谁也无法反驳。确实，他是人民的总理，党需要他这样做，国家需要他这样做，他也要求自己努力为人民服务，那么多的事情摆在面前，他无法好好休息呀。

# 寻找"伍豪事件"的真相

"文化大革命"进一步发展，在20世纪60年代的中国，除了党中央、国务院，突然又多出了一个被称之为"中央文革"的领导机构。那时候，老百姓虽然不知道中央内部一些明与暗的激烈斗争，但从报纸的字里行间也能感觉得到，有人要整周总理了。

1967年的夏天，确实过得令人郁闷。谁也没有想到，刚进了5月，"中央文革"那几员黑干将又把挑衅的目光盯在了周总理身上。

大概是那年的5月初吧，天津的一些"红卫兵"在20世纪30年代的旧报纸里翻到一则《伍豪等脱离共党启事》。他们那时正在到处抓叛徒、特务和走资派，对这样一则启事当然很注意，所以就把报纸送到"中央文革"，这张报纸自然落到了江青手里。

这则消息里提到的伍豪正是周总理在五四时期用过的笔名，当时，周总理和一些热血青年在天津成立了"觉悟社"，他们不想用自己的真名，就以抓阄的形式取了些代号互相称呼，邓大姐当时抓到的是一号，就叫逸豪，总理抓到的是五号，就被称为伍豪。年轻时，周总理很喜欢伍豪这个名字，曾用它作为笔名在报刊上发表文章，当然国民党也知道伍豪就是周恩来。

事实上，所谓"伍豪启事"是1932年2月由国民党特务一手炮制伪造的。当时，他们用伍豪的名义在上海的《时报》、《新闻报》、《时事新闻》和《申报》上分别刊登了伍豪脱党启事，就是企图达到污蔑周恩来，瓦解共产党在白区革命力量的目的，这件事从头到尾就是一个阴谋。但国民党炮制的这个启事存在着很大的漏洞，因为在刊登

▲在南开大学时参加学校成立的新剧团，后排左立者为周恩来

启事的前两个月，周恩来已经按照党中央的决定离开了上海，经过福建进入了中央苏区，此时他正在江西瑞金工作。

关于"伍豪事件"的真相党组织早就很清楚，1942 年，在延安整风时，周总理曾把他当时的活动原原本本讲过一遍，反击了国民党的分裂阴谋。解放后，有一个被捕的国民党特务黄凯也交代过，说那份《伍豪等脱离共党启事》根本就是他们布置和伪造的。因为年代久远，当时党内知道这件事的人比较少，只有当时一些在上海搞地下工作的负责人了解事情真相，为此，陈云同志和一些老同志还写过说明。但这件事的真相红卫兵并不知道，因此他们才把这张报纸送到"中央文革"小组江青的手中。

可江青却不管历史事实，她正想整周总理而愁着找不着黑材料呢，一见这张旧报纸就如获至宝。5 月 17 日，江青阴险地写了一封信，说"红卫兵"查到一个反共启事，为首的人叫伍豪。这封信她分别送给了

▲1924年，担任黄埔军校政治部主任时的周恩来

林彪、康生和周总理。

周总理接到信后知道江青又想闹事儿，他回到西花厅把这事儿告诉了邓大姐，他和邓大姐都觉得有必要把这件事再一次搞清楚，给历史留下一个真实的记录。那天，邓大姐让我把西花厅的工作人员都约到一起，包括秘书、卫士、司机和厨师。邓大姐向大家简单讲了讲这件事，让茂峰去北京图书馆借来1931年和1932年上海出版的几种报纸，我们大家就不分白天黑夜地找起来。

报纸太多了，堆在一起有我两个人高，而且因为是竖版，找起一条一二百字的小消息挺困难。但我们没有灰心，还是坚持一张一张地翻。终于，那则"启事"在1932年2月20日的《申报》上找着了，邓大姐叫我马上送到周总理那里。周总理很认真地阅读了这则"启事"，然后说"再查，还有一条消息是当时在上海的党中央反驳国民党的"。于是我们回来又查，但查遍其他报纸都没有看到那条反驳的消息，我们很奇怪，但当时却恰恰是忘了再查查《申报》。有的同志开始怀疑有没有这条消息，因为当年周总理和邓大姐也没见到过。可周总理肯定地说："会有的，陈云同志在延安的时候说过，是登了报的，不会错。"

听周总理这么一说，我们又接着查，结果真在1932年2月22日的《申报》广告栏里查到了。那则只有45个字的消息是这样写的："伍豪先生鉴：承于本月十八日送来广告启事一则，因福昌床公司否认担保，手续不合，致未刊出。申报馆广告处启。"

见到这条消息，周总理坦然地说："这就清楚了。"确实，周总理不解释我也明白，同一张报纸在三天之内就同一事件刊出两条不同的消息，明眼人都知道，第二条是对第一条的否定。两条消息都找到后，周总理让我请来新华社的摄影师钱嗣杰，把那些旧报纸一一拍照。5月19日，周总理根据我们查出的所有资料亲笔给毛主席写了一封信，随信他还把中共六届四中全会后与此有关的事件编成大事记送给毛主席。

1968 年，北京大学的一位学生又写信反映"伍豪启事"，这封信让毛主席看到了，他亲自在信上批示："此事早已弄清，是国民党的污蔑。"

"伍豪事件"直到四年以后才算暂时告一段落。那是在 1972 年 6 月 23 日中央召开的"批林批孔"整风汇报会上，毛主席要周总理讲一讲"伍豪事件"，周总理就作了一个题为《关于国民党造谣污蔑地登载所谓伍豪启事真相》的报告，这个报告由中央办公厅秘书局会议处录音记录，然后根据录音整理出一份文字记录。根据毛主席和中央政治局的决定，这个报告记录要由周总理签字后把录音、文字记录稿和所有的相关资料存入中央档案馆，并发给各省市自治区和各大军区党委存档，以防将来有人再旧事重提。但当时不知为什么，周总理看过录音记录稿后却一直没有签字，这份记录稿就一直放在总理办公室保存起来。

虽然江青利用"伍豪事件"整周总理的阴谋没能得逞，但她对周总理却是越来越不满意了。可江青毕竟不敢在周恩来面前公开施威，就屡屡把气出在他的工作人员身上，这样先是出现了曾经给周总理当过多年秘书的许明同志自杀事件，后来又出了让赵茂峰给江青的女儿李讷写检查一事。关于许明同志被逼自杀之事，有同志在回忆文章中讲过，我就不谈了，而赵茂峰给李讷写检查却是让人看出江青的用心。

原来，"文化大革命"初期，周总理经常出去开会或者接见"红卫兵"，开始每次都是由茂峰整理好文件跟着去。那时候，江青正在处心积虑地找周总理的碴，有一次，周家鼎同志就"支左"工作向周总理写了一个汇报条，已经过了很长时间后江青的秘书打来电话问这条子还给不给江青看？当时周总理说："已经过时了，不看也罢。"事情就算过去了。没想到后来江青因为此事怪罪下来，对着周总理直抱怨，这让家鼎感到很内疚。这时周总理很平和地说："这不是你的错。让不让她看文件是我的事，你一个秘书能决定吗？"周总理实事求是的两句话，既摆脱了家鼎的尴尬，也让江青一下子无话可说。

　　不久以后，"中央文革"小组要开碰头会，周总理告诉茂峰时间、地点让他写个通知，通过中办发下去。通知依惯例发到了"中央文革"小组成员的手中，没有发给文革小组办公室。但是此时的办公室主任正是江青的女儿李讷，于是江青借此事又闹了一气。"你不放手你的秘书也不放手，通知为什么不发给文革小组办公室？"面对江青的无理取闹，周总理采取了息事宁人的态度，他说："那好哇，让赵茂峰给李讷写个检讨，说他发通知有疏漏……"听周恩来这样一说，江青又闹不起来了。

　　回到西花厅，周总理很诚恳地对赵茂峰说："这件事是我让你办的，还让你写检讨，真是对不起。"

　　"写检讨没关系，这个我能理解。"茂峰回答。

　　看到茂峰如此善解人意，周总理紧锁的眉头舒展开。后来，他亲自审阅了茂峰的检讨，还把里面两个错别字改过来。

▲ 离开上海后，周恩来（右三）同叶剑英（左一）、杨尚昆（左二）、彭德怀（左三）等人在中央苏区

# "我哪儿也不去，就住在这里"

北京的市民不会忘记20世纪60年代那段揪人心弦的日子。无论白天黑夜，街头随时会出现浩浩荡荡的游行队伍，这些队伍总要经过天安门绕府右街一圈才算罢休；还有那些贴遍大街小巷的花花绿绿大字报……那时候，许多老百姓会搭公交车特意跑到府右街，一整天站在大字报前浏览。

7月，"文化大革命"发展到"轰轰烈烈"，揪斗刘、邓、陶的呼声一浪高过一浪。首都一些高校的"红卫兵"在中南海外面设立了"揪刘火线指挥部"，每天数万人轮番在中南海外面架着高音广播喇叭

▼西花厅后院——周恩来居住和办公的地方

狂呼口号，大有不把刘少奇揪出来就誓不罢休的阵势。那些日子，府右街红旗如林，各式大字报、漫画和标语贴满了道路两旁，后来就连中南海北门前面也聚集起了上万人群。外面闹得太厉害了，没事的时候，我便也上街转转，看看那些大字报和漫画。

因为有"中央文革"小组在后面撑腰，几天以后，"红卫兵"闹得越发厉害，他们干脆把棚子搭到了中南海的西北门外面，然后安上高音喇叭和多个扩音器，整天对着中南海连呼带叫，又唱又骂，让人得不到片刻安宁。后来，"红卫兵"知道毛主席到南方去了，就闹得更加肆无忌惮，他们连连对着西花厅的外墙用高音喇叭大吵大闹，非让周总理交出刘少奇、王光美、邓小平和其他一些领导人。

西花厅本来就临街，窗子又都是普通单层玻璃，外面不分昼夜地制造高分贝噪音，吵得周总理根本无法休息。没办法，他只好靠加大安眠药剂量维持每天仅有的一点点睡眠。

▼周恩来卧室一角

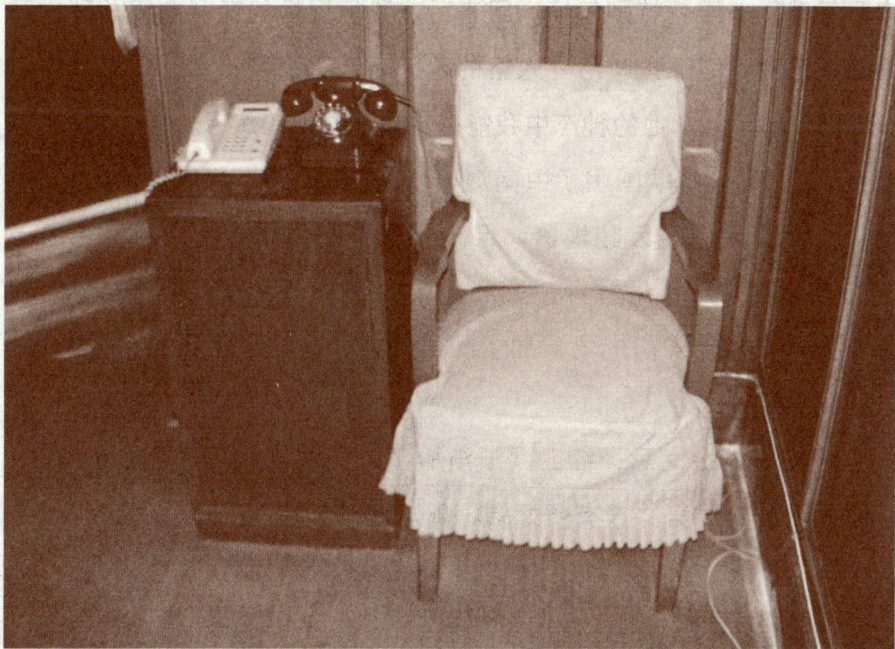

第四章 ■ 西花厅岁月

看到周总理憔悴的面容，西花厅的工作人员都很着急，有人建议让他暂时搬出去，找个安静的地方好好休息，可周总理说："我哪儿也不去，就住在这里。"周总理还说，"这里是中央所在地，我怎么能随便离开呢？"周总理休息不好，邓大姐更着急，我曾在私下里把大家的建议告诉邓大姐，想让她说服周总理。但邓大姐摇摇头无奈地说："没用的，恩来不会离开中南海。"在那一个多月，因为"红卫兵"的围堵，周总理不能从他平时习惯进出的西北门和西门出入，就改道从新华门、东门或东南门出入，但无论怎样，他一天也没离开过中南海。

7月18日，在中南海内部造反派的参与下，刘少奇终于在中南海的工作人员食堂受到长达两个多小时的批斗。陪斗的是他的夫人王光美。那次批斗刘少奇时，我也去看了一下。后来，"红卫兵"又在清华批斗王光美，这次，周总理派我去现场看看情况。在批斗现场，我见到王光美站在台上，让那些"红卫兵"丑化了一番，脖子上还挂着一串乒乓球，心里就特别气愤。回来后，我把现场的情况向周总理作了汇报，还对"红卫兵"污辱人格的行为表示了强烈不满。周总理当时一句话未说，但从他的神态中我能感觉到他心里的焦虑。

"红卫兵"持续围困了中南海一个月。7月正是北京最热的日子，他们虽然整天闹得天翻地覆，但也一样要吃要喝要睡觉，炎热的天气加上环境卫生日见恶劣，"红卫兵"们也吃不消了。8月5日，首都百万群众在天安门广场参加了"声讨刘少奇誓师大会"，那天周总理也出席了。

天安门大会之后，红卫兵渐渐撤了，府右街恢复了往日的样子，但全国混乱的局势并未有所好转，周总理坚守在西花厅度过了那个令人揪心的夏天。

▲坚守西花厅

# "我的电话号码没有变"

"文化大革命"使很多事情乱了套，就连平时一直保密的总理值班室电话也因为一些老同志的家被抄而传到了社会上。本来，总理值班室完全有条件换几个电话号码，但因为周总理的坚持，这些电话号码始终没有变。

从 1967 年的夏天开始，周总理更忙了，总理值班室的电话也更忙了。总理值班室一共有四部电话，自从"文化大革命"开始，中央、地方、军队的事务就一件件接踵而来，各个造反派因为知道了电话号码，也时时往总理值班室打电话，他们有的反映本派的情况，有的干

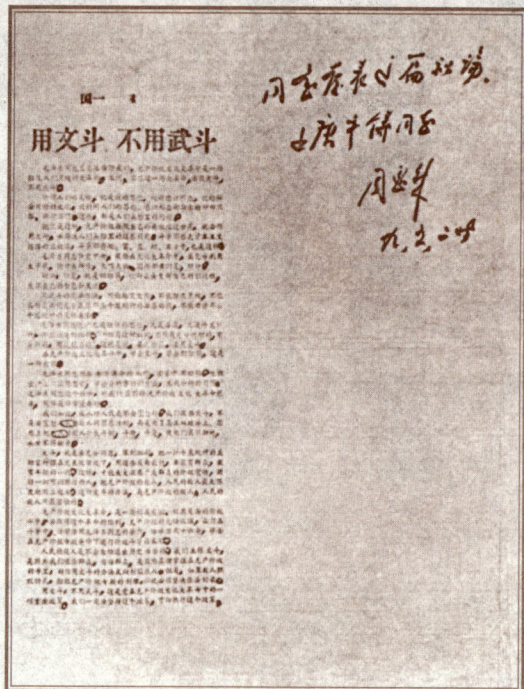

▶1966 年 9 月，周恩来总理在《人民日报》送审的样稿上批示

▲ 1966 年 8 月的一个雨夜，周恩来总理参加了清华大学召开的群众大会，号召大家牢牢掌握斗争大方向

脆就是在电话里骂我们是保皇派，而且有些人电话一拿起就说个没完。通常情况下，我们接电话时要记录，可是要遇上几部电话一齐响的时候，值班的人就忙得放下这头拿起那头，有时不得不两手两耳同时接听两部电话。

那时候，因为众所周知的原因，很多单位都改了电话号码，也曾有人建议我们把电话号码也改一下。说实话，我们脑子里也有过这念头，但因为知道周总理的脾气，这事儿谁也没敢提。后来，周总理得知有些单位把电话号码换了以后对我们说："人民群众只有通过电话才能找到我，换了号码，他们有事怎么同我联系？你们不要怕接电话，值班室的电话号码不能变更。"

不换就不换吧，周总理还把自己值班室的电话向外界公布。他在一次会议上对大家讲："你们有事可以打电话给我的值班室，电话24小时都有人值班的。"周总理这么一宣布，值班室的电话更多了，每天从早到晚铃声不断，一天接上百个电话也不新鲜。那时候，值班室的几个男同志都要轮流陪着周总理出去，在家接电话最多的就是我。周总理怕我因为疲劳而产生烦躁，有一次他和邓大姐在一起时特意对我讲："现在电话多了，你们在接电话时态度一定要好，不要怕麻烦，尤其来了长电话你们一定要耐心听人家说，让人家把话说完。人家有事才找你嘛，没事不会找的。"

在那特殊的年代，找周总理的人太多了，尤其是那些老干部和他们的家属，哪个来找周总理的都有着自己的实际困难，都有一肚子的冤屈要诉，中南海西北门口要求见周总理的人也多起来。一天，周总理把我叫到他的办公室，交代了一项很保密的任务。周总理说："最近外面事情很多，很多人都想向我反映情况。我和大姐商量了一下，决定把这个任务交给你，如果有人到中南海来找我们，你就出去见见他们，听听反映的情况，回来向我汇报。"

从那以后，中南海门口一有找周总理的老干部子女就由我去接待，究竟都见过谁，谁认识谁不认识，我现在都记不清了，因为这些事不许记笔记，来的人也太多了。除了到门口见人，有时周总理还派我代表他和邓大姐去看一些他们不宜见面的老干部，如孔原同志在押时因病住进了阜外医院，周总理派我去看过他；罗青长同志在挨批斗期间生病住院，周总理也让我去探望并带去对他们的问候和关心。

周总理在向我交代这些特殊任务时，总是一遍遍地嘱咐我"不要对任何人讲，连茂峰你也不要告诉"。周总理的话使我意识到我们正处于一个令人焦虑不安的动荡年代，但多年养成的保密工作习惯使我什么也没有多问，我只是郑重地点点头说："总理，您放心吧。"

▲ 周恩来总理与陶铸（1966 年）

# 对宋庆龄、何香凝和郭沫若的爱护

　　身为共和国的总理兼党中央副主席，"文化大革命"中周恩来总理做得最多的一件事就是尽他的最大能力保护那些老同志和民主人士。周总理在明里暗里保护过的人很多，如宋庆龄、何香凝、郭沫若三位著名人士在"文化大革命"中就得到过他的特别关心。正是因为周总理的亲自关怀，才使得这三位人士顺利避开了造反派的更大冲击。

　　"文化大革命"中，周总理第一个特别保护的民主人士是后来担任过国家副主席、名誉主席职务的宋庆龄。

　　在此之前，周总理对宋庆龄就一直十分关心。记得1963年春天国家要把宋庆龄接到北京居住，同时确定将后海北岸的一座清末王府改为她的住宅。住宅改好后，周总理曾在8月31日亲自去检查过院里的装修和布置。

　　"文化大革命"之初，北京有一些红卫兵想对孙中山遗像采取过激举动，并到宋庆龄住宅贴大字报，周总理就在9月1日特意同"红卫兵"对话。周总理在提到宋庆龄时强调："我们应当尊重她。"

　　周总理说，宋庆龄是孙中山的夫人，孙中山的功绩是在毛主席写的一篇重要文章——《论人民民主专政》中就肯定了的，他的功绩也记在人民英雄纪念碑上。北京的同学一定要毁坏孙中山的铜像，我们决不赞成。每年"五一"、"十一"在天安门对面放孙中山的像是毛主席决定的。孙中山是资产阶级革命家，他有功绩，也有缺点。他的夫人自从与我们合作以后从来没有向蒋介石低过头，大革命失败后她到外国营救过我党地下工作的同志；抗日战争时期同我们合作；解放战

▲1962 年，周恩来总理和宋庆龄在一起

争时期也同情我们，她同共产党的合作是始终如一的，我们应当尊重她。她年纪大了，今年要纪念孙中山诞辰一百周年，她要出面写文章，在国际上影响很大，到她家里贴大字报不合适。周总理还苦口婆心对大家讲："宋家兄弟三人姐妹三人就出了她一个革命的，不能因为她妹妹是蒋介石的妻子就要打倒她，她的房子也是国家拨给她住的嘛。有人说'我敢说敢闯，就要去'，这是不对的，我们无论如何要劝阻。"正是因为有了周总理的这次讲话，北京的"红卫兵"才没有对宋庆龄的家采取过激行动。

但在上海，情况就不一样了。1967 年初，上海的"红卫兵"砸毁了宋庆龄六兄妹（宋子文、宋蔼龄、宋庆龄、宋美龄、宋子良、宋子安）在万国公墓中为其父母建的墓碑，这让宋庆龄十分伤心，为此她

213

▲ 邓颖超同宋庆龄、蔡畅在一起

落下了眼泪。宋庆龄把父母墓碑被毁的事告诉了她原来的秘书廖梦醒。廖梦醒在解放前一直是周总理和宋庆龄之间的联络员，她得到这一消息后立即向邓大姐报告，邓大姐又马上告诉周总理。

周总理听到宋庆龄父母墓碑被毁后特别生气，他让值班室把电话打到上海了解情况。不久，上海方面把调查的情况反馈回来，并附上

214

一张宋家墓地的照片。此时，邓大姐亲自写了一张便条给廖梦醒，请她把照片转给宋庆龄征求她对修复墓地的意见。宋家的墓地后来修好了，虽然立碑人只保留了宋庆龄一个人的名字，但她依然非常感谢周总理。

1971 年初，宋庆龄家里又出了一件大事：她的表妹因为在上海多次挨斗后自杀了。宋庆龄听到这个消息情绪非常低落，她用英文给廖梦醒写信表示希望回上海去，而且以后不再担任什么公职了。廖梦醒见信后立即译为中文将详情反映给邓大姐，于是邓大姐就去探望宋庆龄并向她转达周总理的问候。

那天，我跟着邓大姐一起到了宋家，看到她家门口已经有解放军站岗。看到这些军人，邓大姐感慨地说："看来还是总理布置得早呀，要不，没准红卫兵也得冲击她家呢。"邓大姐和宋庆龄谈话时我没进去，不过等宋庆龄送大姐出来时我看她精神好多了。

按宋庆龄以往的规律，她都是每年 9 月份到北京，过完国庆后小住上一段时间再回上海，但那一年她听从了周总理和邓大姐的劝说，在北京一住就是两年多。

在宋庆龄住北京的日子里，周总理和邓大姐对她特别关心，每逢她开会或者参加活动，周总理都要让我们给她的秘书打个电话，问询一下她的身体，周总理还总让邓大姐常去宋庆龄那里看看她，如果宋庆龄生病，周总理就是在百忙中也要去看看她。"文化大革命"期间我陪着邓大姐去过宋庆龄那里多少次早已记不清了，据宋庆龄同志的秘书回忆，当时周总理去看过她三次，董必武、邓小平、康克清、乌兰夫和罗叔章、史良等也去看过她，"但来的次数最多的是邓大姐"。

周总理和邓大姐不仅常去看宋庆龄，逢年过节或有人送点什么礼物时也想着她，那几年，我往宋宅跑的次数也不少，很多回都是代表周总理和邓大姐去给宋庆龄送东西。周总理和邓大姐给宋庆龄送的东

▲ 1963 年 6 月，在宋庆龄（左四）主办的中国福利会成立 25 周年庆祝会上，周恩来总理举杯庆贺

西种类很多，有水果、花和一些小工艺品，每次我都要给她秘书讲明产地和品种。有时，我去送东西邓大姐还会带一张字条给她，这些寥寥数语的小字条往往会让宋庆龄十分感动。

我知道，邓大姐不但和宋庆龄关系一直很好，和她的妹妹宋美龄早年关系也不错。1980 年中央决定开展对台工作后由邓大姐担任中央对台领导小组组长，她当时就建议让几位历史上曾经与宋美龄、蒋经国相识的老同志给她们发个贺年卡。记得当时是邓大姐给宋美龄的贺卡，廖承志同志给蒋经国的贺卡。这些贺卡确实对后来两岸关系的沟通起到了不少作用。收到贺卡后，宋美龄托人转送给邓大姐一个水晶兔，这足以证明她也没有忘记邓大姐这个多年前的老朋友。

除了宋庆龄，周总理对何香凝也采取了特别保护措施——让部队派战士在她家门口把守，使她免受造反派冲击。但是，因为儿子廖承志被关押，何香凝的心情一直不好。有一次，邓大姐去看她，老人很

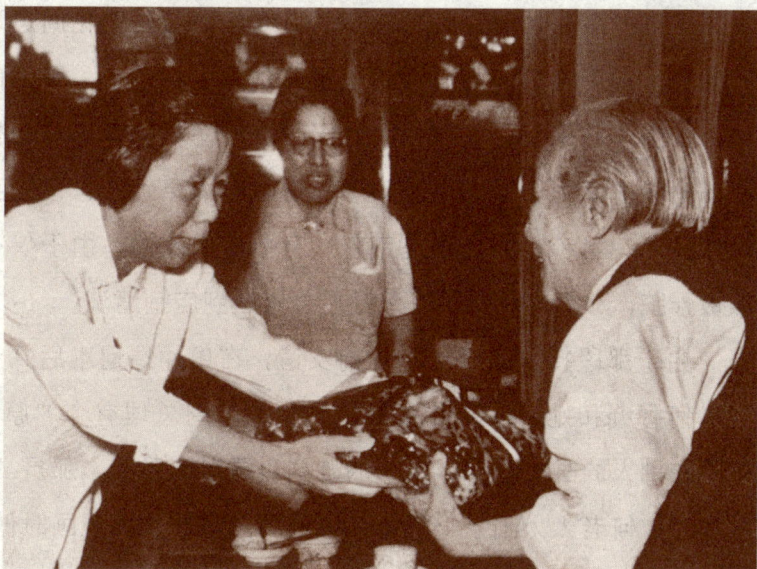

▲ 邓颖超探望何香凝老人

伤感地说：我几年不见承志了，最近听说他的心脏病又犯了，实在是想念他呀。邓大姐回来后把老太太的话告诉了周总理，周总理心情很沉重，他说："何老太太跟随共产党几十年，我党困难时，她想尽办法来支持，现在想见儿子这点愿望应该满足。"在周总理的直接关心下，廖承志才得以被送进医院治病，不久，何香凝就见到了自己日思夜想的儿子。由于周总理的亲自过问，廖承志后来很快被"解放"，何香凝在心里也一直非常感谢周总理。

若干年之后，邓大姐曾给我讲过一段周总理在廖仲恺先生去世那些天遭遇的一件往事，我才知道周总理当年也是死里逃生的幸存者。据邓大姐说，1925 年 8 月 20 日，在廖仲恺遇刺的第一时间，周总理得到消息就前往医院探望。后来，他整整三天三夜没回家，直到他回家后邓大姐才知道自己的丈夫也险遭毒手。那次，周总理原本是和蒋介石商量好了当晚 11 点搜捕杀害廖仲恺的凶手，但蒋介石提前两小时发布了戒严命令，而且临时改变了口令，而这些变化周总理却一点也不知道。那天晚上，周总理的车子开到司令部门口，警卫问口令，这边不知道，结果警卫就开枪了，周总理的司机被打死，他机智地卧倒在车座下才幸免于难。后来，周总理下车大声宣布自己的身份，警卫这才住手。当夜，周总理是带着一身血迹回家的，由于仅有的一身西服被弄脏，邓大姐不得不在天亮后赶紧送到店铺清洗。

由于那段特殊的经历和生前友谊，在廖仲恺遇难后几十年，周总理对何香凝和她的一对儿女都特别关心。周总理有个"原则"——从来不在别人的画上题字，唯一的破例也是对何香凝。那是"抗美援朝"胜利时，何老太太画了一幅画儿，请周总理欣赏。观画时他欣然命笔，写下了"鹊报援朝胜利，花贴抗美英雄" 12 个大字。

1971 年，何香凝老人病重，周总理到医院去看她，躺在病榻上

▼邓颖超受中央委托护送何香凝灵柩到南京

的老人喘着粗气断断续续地向周总理提出：死后不想火化，要把遗体运到南京和廖仲恺合葬。当时，旁边的人对老人这个要求都感到吃惊，不知周总理会怎样答复她，因为周总理是 50 年代主张火化的第一批倡导者，而且此时又是"文化大革命"期间。没想到，周总理毫不犹豫地回答老人说："我代表毛主席、党中央同意你的要求，放心吧。"周总理的承诺让何香凝老人感到了极大的安慰。后来，周总理还对廖承志和经普椿夫妇解释说："何老太太一生革命，贡献很大，她这个要求应该满足。"

一年后，何香凝老人在平静中闭上了眼睛，她的丧事办得很隆重，这在黑云压城大叫"反击右倾翻案风"的北京成为舒缓人们心头郁闷的一个议论话题。后来，中央专门还安排了邓大姐护送何香凝老人的灵柩到南京与廖仲恺合葬。

▼1960 年，周恩来总理与郭沫若开怀畅饮

"文化大革命"初期，周总理还特别关心的一个人是郭沫若，他和郭老也是相识相交 40 年的老朋友了。开始，周总理也让郭老和于立群搬到新六所住，但他们住了不长时间后又搬回家。

　　1974 年，依旧是寒意凛然。刚过完元旦，江青一伙就迫不及待地在首都体育馆召开万人大会，借着"批林批孔"的名义对周总理和一些中央领导同志进行攻击诬蔑。就在这次后来被人们称为"1·25"的大会上，江青当着郭沫若的面点名对他进行批评，批评中还引用了毛主席的诗，给郭沫若造成很大压力。那天，周总理在会上最担心的就是郭老，回到家，他马上把赵茂峰叫到办公室，让他第二天先去看郭老。

　　第二天，赵茂峰和主管郭老生活的国务院机关事务管理局副局长高富有两个人专程去看郭老，茂峰向郭老转达了周总理的三点意见：第一，为了保证郭老的安全，24 小时都要安排专人在他身边值班；第二，郭老家的房间和走廊都要铺上地毯；第三，请郭老从小卧室搬到大办公室去住。

　　听了茂峰他们转达的周总理三点指示，郭老对前两条都没意见，但他却不愿意搬到办公室去住。茂峰就向他解释："总理说了，人老了需要氧气。您的卧室太小，总理怕您吸氧不够。"茂峰还告诉他，周总理之所以让在房间和走廊都铺上地毯也是怕郭老和夫人摔倒，具体工作由郭老的秘书王廷芳同志组织，出了事由他负责。听茂峰这样一说，郭老特别感动，连声说周总理想得真周到呀。

　　茂峰回来，向周总理详细汇报了郭老在家的情况，周总理听后虽然很满意，但几天后他还是抽出时间亲自去探望了郭老。

　　"文化大革命"后，我陪着邓大姐常去看郭老和于立群同志，每次，郭老都会提起周总理当年对他的关心和保护。

▲赵炜陪同邓颖超看望郭沫若子女

▲周恩来与贺龙

# 周总理对贺龙的感情

凡是看过电影《周恩来》的人，一定不会忘记在影片中有这样一个镜头：在冬夜西花厅的一隅，周恩来和贺龙紧紧握手告别，因为此刻，总理已无法保护这位为了新中国的成立曾浴血奋战的开国元勋。西花厅的一声"再见"，成为两人的生离死别，贺龙之死，是周恩来心里抹不去的遗憾。

关于贺龙老总，很多人都知道他在"文化大革命"中在西花厅避难的故事，其实，那次到西花厅也是周总理的无奈之举。

记得"文化大革命"一开始，贺老总就成为造反派的攻击对象，他们天天围着贺老总在东交民巷的家高呼揪斗，贺老总的安全成了问题。周总理知道后，先把贺老总安排在新六所住，那地方归中直机关管理，应该说比较保密。可是偏偏不知怎么就走漏了风声，造反派又冲到新六所，还把贺老总的家也抄了。周总理看着自己老战友受到冲击心里很难过，他想找个安静的地方安置贺老总都做不到。没办法，周总理临时决定让贺老总和夫人住进自己的家。

贺老总来的那天是1967年1月11日，因为安排得机密，事先连邓大姐都不知道，更甭说我们这些工作人员了。但是第二天，邓大姐悄悄告诉了我这件事，她说现在贺老总就住在前院会客厅里，你们尽量不要打扰他们夫妇，让他们好好休息几天。我后来才知道，当时和贺老总一同住进西花厅的除了他夫人薛明外，还有他的儿子贺鹏飞以及警卫参谋杨青成。

住进西花厅后，贺老总几乎就没出来过，周总理安排了专人给他们送饭，院子里的工作人员都心照不宣地不提贺老总住进来的事儿。那几天值班，我常看到贺老总的屋里很晚还亮着灯，我不知道他此时此刻在想些什么，但想到连贺龙这样的老帅都有家难回，我的心里就特别难过，疑惑也一天天增多。

因为贺老总住在前院，周总理就经常在外出时提前点儿时间出来去看看他，有时，邓大姐也去前面探望贺老总和薛明。那时邓大姐身体还好，去看贺老总时也是她一个人，回来时，我常见到她手里拿着报纸若有所思。

在西花厅住了9天之后，周总理让杨德中把贺老总又送到一个新地方，就是玉泉山附近的象鼻子沟，属国务院管理局管。后来的事儿大家就都知道了，周总理这次和贺龙分手后就再没能见面。

周总理和贺龙在南昌起义时就在一起，从1927年到1967年，整

◀周恩来与贺龙陪同
柬埔寨国王西哈努
克海上观光

▲ 1959 年周恩来与毛泽东、朱德、贺龙一起观看第一届全运会开幕式

整 40 个年头，他们的感情和友谊不是三句话两句话能说尽的。一对同是为革命出生入死的老战友就这样生离死别，这不能不说是共和国的历史长河中一个惨烈的故事。

贺龙是 1969 年 6 月 9 日被迫害致死的，几年后看报纸我才知道他死后无声无息地被秘密火化了。因为贺龙的死，周总理内疚了好多年，"九一三"事件后，他立即着手做的一件事就是寻找薛明。

1974 年底，中央决定为贺龙平反，贺老总的骨灰总算有了下落。贺龙平反后，周总理派邓大姐去看过薛明两次，问她有什么困难，还告诉她中央要为贺龙举行追悼会，重新安放他的骨灰。

贺龙追悼会那天，我们都去了。周总理一见到薛明就大声说："薛明，薛明，我没保护好他呀。"说着，76 岁的周总理老泪长流，我们的眼泪也都忍不住流了下来。

20 年后，我在西花厅的遗物中发现了周总理在贺龙追悼会上的致词原稿，稿件原本标题是"程序"，由周总理亲笔改成"贺龙同志逝世六周年纪念会的悼词"。原文的第二段是这样写的："贺龙同志

▲ 1975 年 6 月，重病中的周恩来出席贺龙骨灰安放仪式，并对贺龙的一生做了高度评价

程 序

（一、贺龙同志骨灰安放仪式开始）

同志们，今天是贺龙同志逝世六周年。我们怀着沉痛的心情，举行贺龙同志骨灰安放仪式，悼念贺龙同志。

贺龙同志是一九六九年六月九日病故的。当时由于林彪反党集团的诬陷，骨灰没有送到八宝山革命公墓。

贺龙同志是一个好同志，在毛主席、党中央的领导下，几十年来为党，为人民的革命事业曾作出重大的贡献。在他的一生中，无论在战争年代，或在全国解放以后，他是忠于党、忠于毛主席革命路线、忠于社会主义

事业的。

贺龙同志的逝世，使我们失去了一位老同志，老战友，是我党、我军的重大损失。我们要化悲痛为力量，在以毛主席为首的党中央领导下，认真学好无产阶级专政的理论，坚持党的基本路线，坚持无产阶级专政下继续革命，为把我国建成伟大的社会主义强国而奋斗。团结起来，争取更大的胜利！

二、默哀（奏哀乐）

三、为贺龙同志骨灰盒复盖党旗

四、行三鞠躬

五、仪式结束

▲ 周恩来总理保存的"贺龙同志逝世六周年纪念会的悼词"

226

▶周恩来、贺龙、邓小平
　与孩子们

是一九六九年六月九日病故的。当时由于林彪反党集团的诬陷，骨灰没有送到八宝山革命公墓。"周总理还特别让秘书在后面加上一句："一九六四年（注：原文如此，应为一九七四年）九月，毛主席党中央为贺龙同志作了结论，予以平反，恢复了名誉，并通知了全党、全军、全国人民。"

在这份文件中，我还看到，当时在贺龙追悼会上最初定的也是三鞠躬，但在追悼会时，周总理却向贺龙鞠了七个躬。周总理何以这样做，我们当时没人问，现在这件事就成了一个永远的谜。

周总理办公室的文牍很多，但他能把给贺龙同志的悼词仔细保存下来，恐怕内中也包含着周总理对贺老总一片思念之情吧。

# 周总理与陈毅的交往

因为在西花厅工作，赵炜和许多中央领导同志都很熟悉，其中最爱和她开玩笑的就是陈毅。"文化大革命"中，陈毅也受到了冲击，赵炜还曾经在自家住的小院外接待过陈毅的夫人。又过了很多年，赵炜在整理西花厅的文物时发现了周恩来和陈毅往来的一些信函，从中她更了解了周恩来与陈毅之间的不寻常友谊。

大约是 1967 年的秋天，我搬家了，新家就在中南海西北门对面的胡同里。那是一个很普通的北京小院，因为挨着邮局，小院比胡同里的其他院子多了一个后门。那时，我的儿子因为"文化大革命"已经不再住校，我和茂峰每天忙忙碌碌，孩子大部分时间都是由邻居代管，为了少给邻居添麻烦，我只要有点时间就尽量回家给孩子准备点饭。

我家住的地方不知怎的传了出去，那一阵子，到家里找我的人特别多，他们都有自己的具体困难，想通过我报告周总理或邓大姐得到帮助。开始，来人我还一个个接待，有什么情况也向邓大姐汇报一下。后来，因为来的人太多了，我有时不得不通过后门躲一下，但却给自己定下一个原则：凡是认识的同志不论职务高低都要见。虽然有些问题我也帮不上他们，但是我还是可以如实反映的。

然而，有一天晚上，外面来了一个文质彬彬的中年女人，我没躲，反而开门把她迎进了屋——来人是陈毅老总的夫人张茜。那天，张茜来是想问问周总理和邓大姐的近况，因为"文化大革命"造成的非正常局面，她和陈老总已经很久没有到西花厅去了，平时也只能和普通老百姓一样，从报纸上得到一点周总理的消息。

▲周恩来夫妇与陈毅夫妇在桂林

　　我陪张茜说了一会儿话，告诉她周总理和邓大姐都很好，请陈老总放心，然后就把她送走了。第二天，我把这件事告诉了邓大姐，邓大姐一听就着急地说："多危险呀，告诉她以后不能来了。"

　　没想到，我还没来得及把邓大姐的话捎给张茜，她又找我来了。这次她没进屋，我们俩沿着马路走了很长一段。此时，陈老总的家和许多领导同志家里一样也受到了冲击，张茜此番来是想让我给周总理和邓大姐捎上几句话。我理解她的心情，但那时除了几句苍白无力的安慰话语却又说不出什么。分手的时候，我把邓大姐的意思告诉她，张茜理解地点点头，从此她再没到过我家。

▲周恩来总理 1963 年与陈毅夫人张茜步入人民大会堂会见外宾

陈老总挨批斗的消息让我心里很不是滋味。自从到西花厅后，我认识了很多中央首长，和陈老总相识大概也有 10 年了。我印象中的陈老总人很随和，说话大嗓门，喜欢笑，也喜欢开玩笑，每次他到西花厅遇到我，都会用浓重的四川方言开上两句玩笑。

陈老总到西花厅的次数很多，大多数是来开会。他和周总理个人感情很好，有时也和张茜同志一同来看总理和大姐。除了国家大事，周总理和陈老总一起时喜欢谈诗论文，陈老总的诗气夺人，周总理在同他论诗时就称其为“学长”。

很多回忆文章说周总理从来没写过诗，这不准确。周总理去世后我们帮着邓大姐整理他的遗物时就见过他同陈毅同志之间的诗文往来，同时发现了周总理亲笔写就的一首七言绝句。

國务院总理办公室便笺

粉身碎骨英雄气，
百炼千锤斗士风。
走石飞沙留侠迹，
上天入地建奇功。

一九五八年十月二十一日五时

▶周恩来的诗

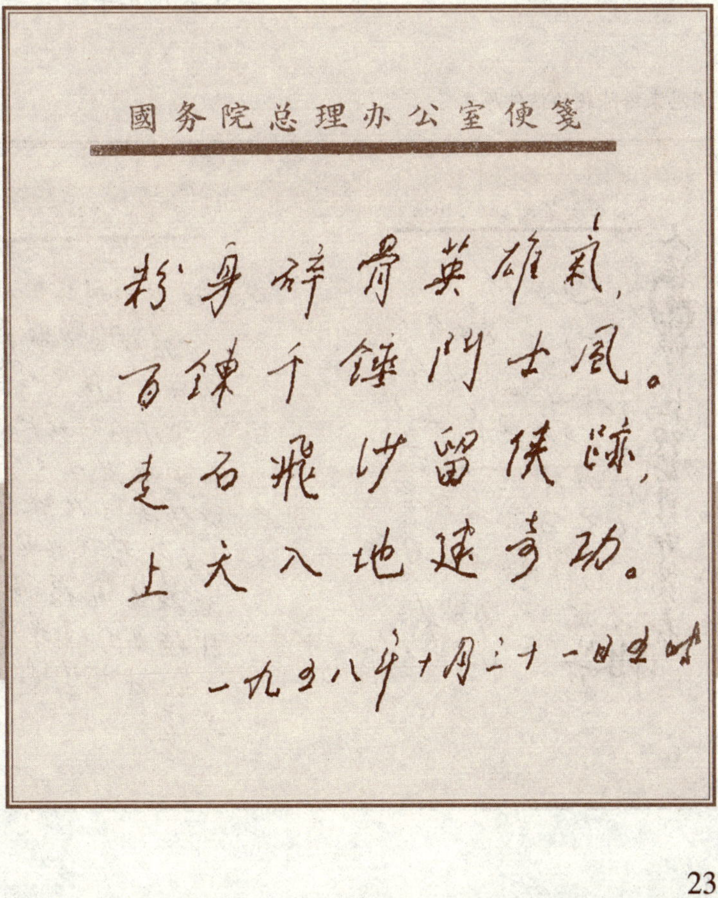

周总理的诗写于 1958 年 10 月 31 日凌晨，是因志愿军胜利归来而作。周总理的原诗及序文如下：

　　欢迎和追念　周恩来

　　正值欢迎志愿军胜利归来兴奋之余，又临追念前往阿富汗和阿联文化访问遇难烈士大会前夕，思潮起伏，长夜难眠。念及毛主席整风思想中忠于人民、提高风格、献身海外、战胜自然诸义，因成俚言四句。我不能诗，专此聊以寄怀。

粉身碎骨英雄气，

百炼千锤斗士风。

走石飞沙留侠迹，

上天入地建奇功。

一九五八年十月三十一日五时

▼周恩来给陈毅的信件原文

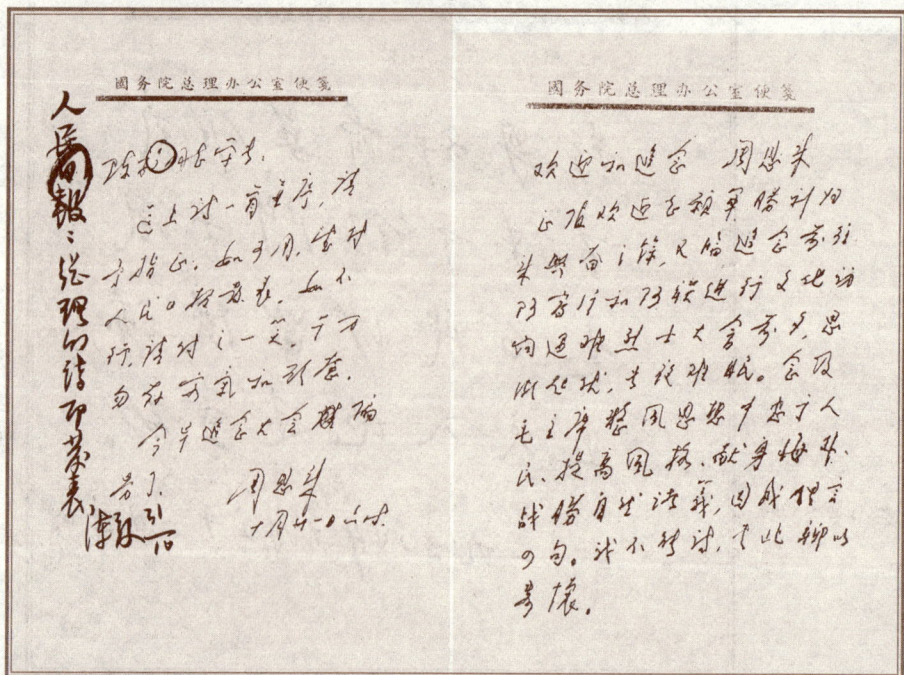

▲周恩来总理与陈毅在外文出版社视察毛泽东著作出版情况

周总理的诗是用繁体字写的，这是他一贯的行文方式。写好后，他又给陈老总写了一封短信，请他"指正"。

后来，陈老总把周总理的诗转给了《人民日报》，但不知为何，《人民日报》当时没有发表周总理这首诗，也许是他们考虑到周总理轻易不写诗，想让他把诗改得更好一些吧。总之，在第二天陈老总给周总理的复信中我读到的是这个意思。

也许是因为忙，也许是周总理自己不想再把诗发表，后来这首诗就被周总理放置起来。周总理去世后，我们在他的遗物中发现了这首诗，当时就问邓大姐是不是要交中央文献研究室。邓大姐说："不用交，烧了吧。"后来，邓大姐想了想又说："茂峰喜欢写字，你要是喜欢就别烧，你拿去吧。"邓大姐这样一说，我们当然舍不得把这首诗烧

▲1964年周恩来总理和陈毅在机场迎接国宾

掉。后来，这首诗就由茂峰保存下来，以作为他在周总理身边工作20年的一个纪念。

等到再过了七八年，周总理和陈老总又一次相见，已是"文化大革命"轰轰烈烈之时，令人尴尬的是，此次相见是在陈老总的批斗会上。

"文化大革命"时期，陈老总挨整和贺老总还不太一样，他的处境总是随大气候的变化而不停变化，时而挨批，时而工作，人被整得不阴不阳。周总理对陈老总一直十分关心，"文化大革命"中数不清多少次他亲自参加了陈老总的"批斗会"，正是因为他的出席，陈老总少受了好多苦。

陈老总是直到重病在身时才摆脱造反派批斗的。在他住院期间，邓大姐几次让我打电话转达她和周总理的关心，这让重病中的陈老总十分欣慰。1971年5月，张茜给邓大姐写了一封信：对周总理和邓大姐的关心表示感谢。与此同时，她还送来了两张照片。这两张照片都是陈老总在病中拍摄的，一张是他刚做完手术后坐在病室的沙发上，另一张是拆线后回家时在自家的小院里。两张照片都是张茜自拍自洗的，周总理和邓大姐看后也挺高兴。

陈老总是1972年1月6日去世的，他有幸活着见到了林彪葬身温都尔汗，但却没能亲眼看到"四人帮"的倒台。陈老总去世四天后，中共中央在北京为他开了追悼会。因为那天毛主席临时决定出席，周总理立即提高了陈老总追悼会的规格，这在当时被传为佳话。

陈老总去世后，邓大姐经常去看张茜同志，后来得知她生病，邓大姐也多次去医院探望。在我的记忆里，邓大姐去医院探望最多的人就是张茜，有时她自己去不了，就派我当代表去探望。

▼怀着对战友的无限深情，周恩来总理在陈毅追悼会上致词

▲ 在 1970 年召开的九届二中全会上，周恩来同林彪一伙进行了坚决的斗争

西花厅岁月

# "九一三"前后的周总理

1971 年的 9 月 13 日，无论对于身居高位的周恩来还是普通的中国老百姓都是一个引起震惊的日子。那天的零点 32 分，号称"副统帅"的林彪携妻儿外逃，结果摔死在蒙古的温都尔汗。随着"林彪事件"的出现，中国人对"文化大革命"的实质和意义提出了疑问。

1971 年，"文化大革命"进入了第五个年头，没有人知道这场史无前例的"革命"什么时候才能结束。由于要"抓革命、促生产"，还要让已经处于停滞状态的教育事业重新启动，周总理更忙了。

9 月 12 日，是一个平平静静的普通日子，那天，周总理批阅文件一直到中午 11 点才睡觉，下午 5 点，他起床后像往常一样喝了一杯豆浆冲鸡蛋，然后就去人民大会堂准备晚上的一个重要会议。

由于那天睡得时间较充足，周总理走的时候精神挺好，临出门时邓大姐提醒他别忘了吃药，他笑着说："你放心吧。"当时，在场的人没有一个想到，一件震撼世界的重大历史事件在几小时后发生，周总理也因此三天三夜没有回过西花厅。

所有发生的一切我们都是在后来才知道的，那天晚上，林彪和他的妻子、儿子一起出逃，最后摔死在温都尔汗。

听说，事件的发生是在那天的 10 点多钟，当时周总理不得不停止正在进行的会议，专门应付突如其来的"林彪事件"。毛主席刚刚从外地回来，周总理听说"林彪事件"后的第一反应是要把老人家安顿在一个安全的地点，为此他特意去了一趟游泳池，建议毛主席转移去人民大会堂的 118 厅，那里是毛主席的另一个工作场所。

　　周总理走后，西花厅就剩下邓大姐、钱嘉东、赵茂峰、纪东和我几个人，开始一切都正常，但是直到夜里周总理还没回来我们就有些奇怪了。第二天，邓大姐听说周总理一夜没回家也惦念起来，虽然她知道周总理经常要超负荷地工作，但像这样 20 多个小时不回来也没有一点信息的情况还是很少见，也许是有大事发生了。焦急的邓大姐亲自给值班卫士打了三次电话，一再叮嘱要按时给周总理吃药，不要饿得时间过长，要提醒总理休息。

　　到了下午，邓大姐几次走到值班室问我："有什么消息吗？"值班室没有任何消息，我们也同样在疑惑和惦念中等待着周总理。

　　这天，钱嘉东、赵茂峰、纪东和我都在办公室里。下午，我们突然接到广州军区司令员丁盛同志的一个电话。丁司令员在电话中语调十分郑重地说：请转告总理，我们忠于毛主席，听毛主席的，听周总理的。周总理怎么说我就怎么办，我们已经按照周总理的指示去办了。放下电话，我们一时还弄不清是怎么回事儿，但有一点是肯定的：一定有大事儿发生了，否则下面不会出现这样的报告。

　　那天值班的是纪东同志，他马上打电话到大会堂，请值班卫士把这个消息报告周总理。没一会儿，大会堂回电话了，说总理让纪东马上过去。纪东走后，我去找邓大姐，告诉她这些情况，邓大姐听完后嘱咐我们一定要注意接听电话。

　　9 月 14 日，主管周总理警卫工作同时也是我们党支部书记的杨德中同志来到西花厅，是周总理派他向邓大姐通报一些情况。杨德中走后，邓大姐马上交代我：通知西花厅大门口的警卫将大门关上，总理不回来任何人通行都走小门，只有总理回来后再开大门。她还让我告诉大家，提高警惕，以防万一。

　　跟着邓大姐这么多年了，今天她的表情很不寻常，既很少主动同我们讲话，也没有踏踏实实地吃饭休息，总是坐在椅子上若有所思，

▲1972 年，周恩来在首都机场迎接美国总统尼克松。2 月 28 日，中美两国在上海发表联合公报，掀开了中美关系史上的新篇章

焦虑和惦念都隐藏在她那凝重的表情之下。

终于熬到了 9 月 15 日的下午，我们接到电话说周总理一会儿就回来，大家都舒了一口气，我马上把这个好消息报告了邓大姐。

4 点多钟，周总理回来了。这时，站在门口迎接他的邓大姐一见面就心痛地说："老伴呀，我看你的两条腿都抬不起来了。"虽然脸上透着掩不住的疲劳，周总理还是笑着说："那是自然的。"说着话，老两口进了周总理的办公室，谈了一会话，我就听到邓大姐劝周总理好好睡一觉，而周总理居然不比往常就痛痛快快地答应了。这在我的印象中是不多见的事。

后来，我们才知道这三天里发生的一幕幕惊人场面。

239

▲在中国共产党第十次全国代表大会上，周恩来作政治报告

9月12日，晚上10点多，分管毛主席警卫工作的张耀祠向周总理报告：接到中办警卫局副局长张宏从北戴河打来的电话，说是据林彪女儿林豆豆揭发，叶群和林立果要挟持林彪出逃，周总理立刻就中断了正在进行的会议；

9月13日凌晨，林彪乘坐的"256"号飞机终于起飞，方向是西北，并很快飞出国境在荧光屏上消失，此时周总理直接向各大军区下达了命令；

9月14日下午2点多钟，确定林彪摔死在温都尔汗，这时忙碌了两天的周总理才吃了一顿安生饭，听说那天他还喝了点茅台酒；

从9月14日午夜，周总理开始向中央有关部门主要负责领导通报"林彪事件"，这次分批通报直到15日下午4点才结束，所以周总理那时才回家。

第四章 ■ 西花厅岁月

# 第五章

每一个忠实于未来

为了美好未来

而牺牲的人

都是一座石质的雕像

——伏契克

# 周总理病重了

多少年来，人们对周恩来敬仰有加；同样，他们很自然地认为，这位能力超群、精力过人的总理有着一个十分健康的体魄。因此，当周恩来患病的消息传到社会上时，很多人不敢相信，而周恩来住院后接见外宾的照片在报刊上一发表，更是在中国大地上掀起了轩然大波，引发无数老百姓深深的牵挂。

其实，周恩来最初患的膀胱癌在 1972 年的 5 月就发现了，但当时只是保守治疗。1973 年 1 月，周恩来开始尿血，3 月即做了电灼术治疗。后来，因为周恩来一直得不到真正的休养，在 1974 年 6 月 1 日，他再次住进医院进行手术。从那时起直至 1976 年 1 月逝世，周恩来几乎一直是在医院度过的。

作为邓颖超的秘书，赵炜在周恩来生病的最后时刻经常往返于医院与西花厅之间，可以说，她是一直为周恩来总理服务到最后的人。

1975 年的春天来临了，可是今年周总理却没能同我们一起欣赏西花厅院内的海棠花，此时他躺在 305 医院的病床上，而且已经接受了三次大手术。

周总理的病情不容乐观。从 1974 年 6 月 1 日入院，他在当天就进行了第一次大手术，到了 8 月又进行了第二次手术，这两次手术后周总理的病情还算比较稳定，我们心里也都十分高兴，盼着他能够早日出院回到西花厅。

然而，到了 1975 年的 3 月，周总理不得不再次躺在了手术台上。这次大手术后的病理检查表明，除了以往的膀胱癌，周总理又新增添了结肠癌。两起严重的原发癌症病灶，三次的撕肠裂腹的大手术，这

▲周恩来总理带病在大庆视察

对于一位 77 岁的老人来说，怎能不是一次生命的挑战。

因为周总理的病，西花厅的工作人员都急在心里，然而，为了不让邓大姐伤心，我们尽量不表现出来，而是一如既往地按平常的习惯工作和生活。在心底，我和大家一样，时时为周总理祈祷，希望奇迹有一天会出现。

奇迹没有出现。周总理的病情一直不见好转，反而出现了恶化趋势，这使人不得不时时担忧。1975 年 9 月 20 日，周总理要进行第四次大手术了，那天，邓大姐很早就到了医院，她让我留在家里应付可能紧急发生的事儿。

我在家里其实也很不安，心里总想着今天总理的手术不知顺不顺利。突然，我接到电话，说周总理要看关于"伍豪事件"的文件，让

245

◀ 周恩来总理登上大寨虎头
山，这时的他已是病患
雁身

我赶快把这个记录稿送到医院。

"伍豪事件"的文件？我记得很清楚，从 1967 年江青别有用心地利用这件事要整周总理，到 1972 年周总理就这件事在中央召开的整风的汇报会上做的"真相"报告，这份材料在周总理的办公室里已经放了好几年，如今周总理要做手术时怎么又想起来了？

来不及多想了，那边一再催我，说周总理已经打了麻醉药却不肯进手术室，就等着这份记录稿呢。我从总理办公室取出这份记录稿，匆匆忙忙向医院赶去，好在 305 医院离中南海不远，没一会工夫我就赶到了周总理身边。

当时，周总理正躺在手术的推车上，边上站着邓大姐和一些工作人员。见到我来了，工作人员就把周总理扶起来，我们拿了一块木板托在他的面前，然后把这份记录稿放在木板上。这时，周总理就以一种半坐的姿势，用颤抖的手在报告上签了他的名，同时还注明了签字的时间和环境："于进入手术（前），一九七五、九、二十。"签完字，周总理说了一句："我签了字，就算是办完了这件事。"说完，周总理就把文件递给邓大姐，邓大姐又交给我。签完了这份文件，周总理马上就被护士推走了。

目送周总理被推向手术室的路程中，我们听到他问了一句："小平同志来了吗？"听周总理这样一问，邓小平、叶帅，还有张春桥都从休息室出来走到推车前。这时，周总理拉着邓小平的手十分费力地高声说了一句："小平同志，你这一年比我干得好。"说完就被推进了手术室。这时我才知道，周总理的麻药已经打了一段时间，如果再拖他就会进入全麻状态，所以在等着我的那十多分钟里，所有的人，包括

▲周恩来总理在群众中间

▲ 1974 年 9 月 30 日，周恩来总理带病主持国庆 25 周年招待会，这也是他最后一次出席国庆招待会

医生都非常紧张。周总理为什么非要在手术前签这个字，我后来没有问过。但我总有一种感觉，那就是周总理当时心里非常清楚，自己的身体一天不如一天，不知道什么时候就要结束人生，因此他要把自己认为最重要的事儿尽早办完。

# 周总理亲自向我交代"后事"

周恩来是中国死后火化的最早倡导者之一，早在 1956 年，他就在当时的一份死后自愿火化的倡议书上签过字。10 年以后，邓颖超又曾给中央写过一封信，表示他们夫妇在死后不保留骨灰。虽然这封信因为周恩来总理工作繁忙一直未签字而终未发出，但却表现出周恩来与邓颖超的生死观。1975 年 9 月，当周恩来总理意识到自己病重不治时，又一次开始考虑自己的后事，这次，他向赵炜谈到了自己的身后骨灰处理问题。

手术后的周总理始终顽强地同病魔抗争着，他的毅力超乎常人，无论多么疼痛，我们从来也听不到他一声呻吟，在他的脸上，任何时候都没有表现出一点点的悲观。

9 月的一个晚上，周总理把我叫到医院去谈工作，在我正式汇报前，周总理说他要先讲一点关于自己死后的骨灰处理问题。我当时听他这么一说感到十分惊讶，总理怎么会想到谈这个问题呢？病榻上的周总理此刻十分虚弱，我怕他身体受不了，连忙劝阻说："总理，您不要说这事儿啦，您不会在短时间出什么问题，现在就说这些事儿对您的病没什么好处。"听我这样一说，周总理马上坦然地说："你不是唯物主义者。人总是要死的嘛，这有什么。"周总理这样一说，我也不好再劝他，只好控制着自己悲伤的心情把话听完。

周总理说："我和大姐 10 年前就约好，死后不保留骨灰。但我想，如果我先死了，大姐不一定能保证得了把我的骨灰撒掉，这件事得中央做决定，不过大姐可以反映我的要求。如果大姐死在我的前面，我

▲1975年4月，重病中的周恩来总理由邓小平陪同在医院会见了朝鲜的金日成主席

可以保证她的意愿实现。我要先死了，大姐的骨灰撒掉的意愿你是保证不了的，但可以向中央反映她的要求，她还可以留下遗嘱。"听到周总理这样说，我心里很难受，但为了不影响他老人家的情绪，我还是含着泪水答应了他的嘱托。

那天晚上，我回到西花厅时邓大姐已经休息了，我就没有打扰她。第二天，我把周总理同我说的关于骨灰处理意见向邓大姐汇报，她当即表示：这的确是我和恩来同志已经说好的事儿。他同你讲了，我觉得是件好事，让你知道我们的想法，你就能更进一步理解我们的想法。正如恩来同志说的，我保证不了他的，他却可以保证我的；你也保证不了我的，却可以反映。如果他先走，党中央同意他的请求，那我的事也好办了，我就放心了。

听了周总理和邓大姐反复解释，我对他们两人更加景仰了。多么伟大的无产阶级革命者呀，他们把自己的一生都献给了中国革命事业，死后却连骨灰都不愿保留。

　　过了一段日子，周总理在医院第二次同我谈到他的骨灰问题。他说，把我的骨灰撒到祖国的江河大地去做肥料，这也是为人民服务。活着为人民服务，死后也要为人民服务。周总理这番话让我看到了一位彻底的唯物主义者的博大胸襟和开阔情怀，这种对自己骨灰的处理方式是一般人难以想象的。

　　在周总理去世后，我曾在一次座谈会上讲到他的这些遗嘱，有同志立刻主张这些话不能公开。他们说这样会影响周总理的形象，也似乎对他不够尊重，怎么能用逝去的伟人骨灰做肥料呢？我却不这样看。我对这些同志说，这是周总理的原话，也表现出他作为一个无产阶级革命家在破除封建思想和移风易俗革命中所做的开拓性贡献。

▲ 会见金日成时周恩来的双脚浮肿得特别厉害，根本无法穿进皮鞋，这是为他特制的一双大号布鞋

▲重病中的周恩来总理依然心系中华民族的未来

# 得知周总理病危消息之后

1975年9月20日，周恩来的手术并不令人欣慰，33天以后，他不得不又接受了一次大手术。就在这次手术之后，赵炜得知了周总理可能再也出不了医院的坏消息。

虽然专家组尽了最大努力，也把当时对于别的病人很有效的好药用在了周总理身上，但令人心焦的是，他的病依旧没有起色。我们每天只能从邓大姐那张更加严肃和日益消瘦的脸上来揣测周总理的病情是否有些好转。

1975年10月的一天下午，邓大姐突然把钱嘉东、赵茂峰、纪东和我约到一起，她说要和我们谈谈有关周总理的病情。我们聚集到邓大姐身边，从她那张坚毅的脸上我几乎无法判断将要听到的是什么样的消息。

邓大姐开口了，她说："组织决定让我告诉你们四位秘书，应该知道有关恩来同志的病情——他得的是不治之症——癌症。据医生判断，不会超过明年春节，你们要有思想准备。"听邓大姐这么一说，我顿时觉得头晕眼花，简直不敢相信自己的耳朵。等到脑子清醒了一会儿，我看看其他同志，他们也和我一样泪流满面。但此时，我们谁也不敢放声大哭，怕影响到邓大姐的情绪。

"这一天迟早都会出现的……"邓大姐看了我们每个人一眼，用有些嘶哑却很坚强的声音对我们说，"只是个时间问题。"听着邓大姐那低沉的声音，看着她那镇定的表情，我们只好一个个把眼泪咽进肚里，纷纷劝慰她说："请大姐多多保重。"那天，离开邓大姐以后，我的心一直像灌了铅一样沉重。

　　周总理病重，邓大姐的担子也重了。当时，为让周总理专心治病，他的秘书不能去医院，每天，我们都要挑选文件交给邓大姐带到医院。周总理刚入院那些日子还能亲自批阅文件和看报纸，后来，病情发展了，就由邓大姐亲自给他读文件，卫士和护士轮流给他读报纸。为了保证邓大姐的健康，我们在家的同志曾经以党支部的名义向她郑重提出建议：让我每天陪她去医院，以便对她进行照顾并减轻她的负担，但邓大姐一直没同意。

　　周总理住在医院里，大家都在想尽办法调节他的工作和生活，以确保他的治疗，为减轻他老人家的痛苦出一份力。后来我们听专家说看一些历史名画可以分散病人注意力，就想从故宫借一些画送到病房，有利于周总理减轻痛苦。这件事经请示周总理同意后就由茂峰承担了到故宫借画并送到医院的任务，这样茂峰就有了多次去医院的机会。

　　那段日子，茂峰有时会去故宫借几幅明清画作，每次他都认真地填好签收单然后再把画送到305医院。当时周总理只能躺在病床上，所以卫士通常都是把画挂在病房的墙上让他欣赏。可是有些大幅长轴在病房没法挂，茂峰便想出一个主意，他们在病房的门上装了一个滑轮，周总理要欣赏画时还可以前后调整距离。为了避免这些借出来的国宝有闪失，周总理还特意吩咐在305医院找一个房间让茂峰把画锁到保险柜里，看完后就及时还给故宫。可惜的是，随着周总理的病情越来越重，后来连欣赏画对他来说都成为一件很困难的事。

# 周总理让我去医院

在周恩来生命的最后时刻，因为怕影响治疗和休息，在他身边的工作人员并不多。除了卫士，赵炜大概是同周恩来接触最多的一位秘书，她陪着邓颖超每天前往医院，还为周恩来读文件、当"翻译"，亲眼目睹了伟人周恩来生命中最后的几十个不平凡的日子。

1975 年 11 月初的一天，周总理让值班卫士高振普打来电话，点名让我陪邓大姐去医院。我们都清楚，周总理提出这样的要求是怕邓大姐太辛苦。当时，我们都满以为这次邓大姐一定会让我一同去了，但没想到第二天她还是没让我陪着。

后来，周总理还是坚持让我陪着邓大姐去医院，听到周总理一再坚持，邓大姐才算答应了。回到家里，她告诉我以后要带着我去医院，我听后是又高兴又着急。

第二天，我陪着邓大姐去医院，一路上，都在设想着和周总理见面时的情景。又有一个月没有看到周总理了，这次在见到他老人家时，我该怎么称呼？记得以前我到医院办公时曾叫过一声总理，他就对我说："我现在不干工作，别叫总理。说一声您好就行啦。"说完周总理自己又乐了："好什么？现在正生病住院哪。"

不让叫总理，又不能说您好，那见到周总理时该怎么叫、怎么说呢？真难为死我了。我想来想去想不出恰当的话，无奈中只好向邓大姐求助。我说："大姐，快要下车了，您说我见到总理时怎么叫？说什么呀？"

邓大姐听我说完原委后，沉思一会说："你就叫声总理好啦，不用

▲1975 年 1 月，重病中的周恩来总理在第四届全国人大上做"政府工作报告"，这是他最后一次出席全国人大会议

说什么。最重要的是当你见到总理时一定不要哭，千万千万！！！"听邓大姐这样一说，我心里一惊，知道周总理的身体一定不如前一个月了。邓大姐知道我见到周总理病中憔悴的样子一定会流眼泪，所以才再三提前嘱咐我的。

我答应邓大姐说好，但实际上却在心里要求自己用极大的克制力压抑住自己的感情。我是一个非常容易动感情的人，若不努力克制将很难兑现对邓大姐的承诺。快下车时，我的心跳得很快，当时又想立即见到周总理，又怕见到他时抑制不住自己的情感。

当走到周总理的病床前时，我尽量抑制住自己的感情，轻轻地叫了声"总理"。周总理从被子里伸出他那瘦瘦的手说："握一握手吧！"

我说:"刚从外边进来,手凉,就不握手啦。"

周总理用微弱的声音说:"不怕"。接着,他用瘦弱无力的两只手紧紧拉住我的手说:"你要照顾好大姐。"

听周总理这样一说,我再也克制不住自己的感情,不听话的眼泪一个劲儿刷刷地往下流。这时,邓大姐站在床前已看到这种情况,马上用手使劲拉拉我的衣角。我明白她是不让我哭。为了缓解我的情绪,邓大姐赶快同周总理说话,我趁此机会跑到门外,否则我真要在病房里哭出声来了。

跑出病房后,我在走廊里痛哭一场,后来稍稍让眼睛休息了一下才回到周总理身边。这时,我尽量照往常一样说话和做事,尽量不使周总理他老人家察觉出我的悲痛。

晚上回来时,邓大姐在车上对我说:"我看到你不行啦,就要哭出声来,赶快拉你衣角,怕让恩来看出你的悲痛。好在你还算压制自己,马上就离开了。我当时真为你担心哪。"我说:"大姐,我是实在控制不住自己的感情了,才一个月没去医院,总理就已经瘦成这个样子,我心里很难过,无法再控制自己的感情。好在您事先已经同我说了,否则更不行了。"

第二天,邓大姐怕我又激动,去医院时就没让我陪着。结果,周总理看到邓大姐就问:"赵炜怎么没有来呀!"邓大姐说:"是我没让她来的。"这时,周总理就交代让我以后每天都要陪着邓大姐去医院。

就这样,我有机会在医院中见证了周总理生命的最后日子。

# 周总理生命的最后日子

自从赵炜陪同邓颖超每天去医院探望周恩来之后，给周恩来读文件的工作就由她担当起来。在西花厅工作了那么多年，赵炜已经熟悉了周恩来的语音和声调，因此，当周恩来在病重期间说话声音很弱时，邓颖超听着费劲儿时，她便又担当起给这老两口"翻译"的重任。

在医院这段日子，有几件事一直让我难以忘怀。

一件是在 10 月的一天，周总理让工作人员打电话，叮嘱我再去时把《国际歌》和《三大纪律八项注意》的歌片儿带去。我们虽然不知他要歌片儿干什么，但还是在办公室找起来。当时，我们手里都没有现成的歌片儿，一时还很着急。后来，我突然想到了在西花厅门口站岗的警卫战士，就去他们那里找，结果还真找到了。歌片儿送到了医院，周总理很认真地看了几遍，还轻轻哼唱起来。

过了十几天，也就是 11 月 10 日，上午 10 点半左右，我陪着邓大姐来到医院。这天周总理的精神好像还不错，他让邓大姐坐到病床边，两人说起话来。周总理对邓大姐说："我昨天的情况你可以去问吴院长（吴阶平），还有熊老（上海来的医学专家）。不要责怪任何人，要感谢他们，要感谢大家。"接着，周总理一字一句地念道："团结起来，争取更大胜利。"说这话时，他的两手紧紧地握成了拳头。"团结起来到明天，英特纳雄耐尔就一定要实现。"重病中的周总理突然张开嘴唱起了《国际歌》，虽然只有短短的两句，却也让在场的人都感动不已。唱完歌，周总理向在场的服务人员一一表示感谢，最后，他面向邓大姐深情地说了一句："一切都拜托你了。"

第五章 ■ 西花厅岁月

▲ 无论任何时候，周恩来都坚定地和毛泽东站在一起。两位伟人的最后一次合影是在 1974 年 5 月 30 日

周总理这天的举动很让我心里难受，我不知道他是否了解医生对他生命旅程的预测，但就从刚才的话和行动来猜测，他肯定是知道自己的生命来日无多，因此提前向大家致谢。这时候，最让人感动的是，即使到了生命的倒计时时刻，周总理也没有露出一点悲观失望的情绪，也没说过半句沮丧消极的话。

　　周总理好像还在有意识地安排着自己的最后时光。又过了几天，在 11 月 15 日下午，他让我拿来笔纸，写下了"我是忠于毛主席、忠于党、忠于人民的，虽然我犯过这样那样的错误，但我决不会当投降派"的字条，由邓大姐代他签上了名字和日期。

　　周总理为什么要写这样几句话，我心中思量了好久。确实，那一阵子"四人帮"一伙挺嚣张的，他们不停地组织人"批林批孔批《水浒》"（注：1974 年由江青提议的批判林彪和孔孟之道运动），还大喊大

▲1975 年 6 月 12 日，周恩来总理在医院会见来访的日本客人

叫批投降派，矛头所指很多人都看得出来——其实，他们就是想整倒周总理。

这几句话，周总理放在心里已经很久了，在 1975 年 9 月 20 日做第四次手术之前，他就说了一遍，当时周总理这话是对着邓大姐说的。手术前，邓小平、叶剑英、李先念、张春桥、汪东兴等人都去了，邓大姐就把总理说的话转告给他们，同时还请汪东兴回去以后向毛主席报告。话虽然说了，但没有落实到文字上，周总理不放心，因此就又在 11 月 15 日那天专门写了一个条子。

1975 年 12 月，周总理已经进入时而昏迷时而清醒的状态，他已经不能看报了，但每天清醒时却依然很认真地听报，而且要求大小消息都要念，一点也不要删掉。到了 12 月 12 日，周总理在一次清醒后又要听读报。我们就想，也许他心里一直在惦着什么事儿，想从报纸中找到所需求的信息。我们把情况向邓大姐讲了，邓大姐就约张树迎、高振普、张佐良和我一起进行分析。最后，我们一致认为，周总理在生命的垂危时刻还提出要听报纸，最大的可能是出于对将来的政治形势的不放心，他可能最担心的是邓小平同志能不能顺利主持工作……

我们把自己的想法都说出来后，邓大姐沉思了。过了一会儿，她做出一个决定：为了不给总理增加负担，新近的报纸就不要给他读了。

但不读也不行呀，万一周总理真要听呢？"那就念旧的吧，"邓大姐说。这样，在周总理病重时我们还做了一回"假"——把以前的报纸改了日期再读给他听。当时改报纸的任务交给了留在西花厅的钱嘉东、赵茂峰和纪东三位同志，他们从国务院印刷厂借来同《人民日报》同样字号的铅字，每天改报纸上的日期，这样一直坚持了 20 多天。

因为病重，周总理往日洪亮的声音已变得十分微弱，有时他说出话来就连邓大姐也听不清楚。这时，如果让他再重复那些话就太费精神了，所以周总理就说："让赵炜当翻译再重复一遍吧。"这样，我又当

▲ 1975 年 9 月 7 日，周恩来总理在医院会见来访的罗马尼亚客人，这是他最后一次会见外宾

起了周总理的临时"翻译"。

有一天，周总理望着邓大姐意味深长地说："我肚子里有很多很多话没给你讲。"邓大姐看看他也深情地说："我也有很多的话没给你讲。"这老两口那些没讲出来的话是工作机密还是感情倾诉？他们谁也没说，两人只是心有灵犀地深情对视着。最后还是邓大姐说："只好都带走嘛！"周总理无言。

周总理带走了许多话，后来邓大姐也带走了许多话。邓大姐在生前跟我讲过好几次："恩来有很多话没跟我讲，我也有很多话没跟他讲，最后只好都带走。"

1976 年的元旦，毛主席的两首词《重上井冈山》和《鸟儿问答》发表了，重病中的周总理显然十分欣赏这两首词，多次让工作人员念给他听。当听到工作人员将词中的字音念错时，周总理马上给予纠正，听到有趣之处，他还会轻微地笑笑，偶尔还议论几句。毛主席的这两首词，给周总理那间充满了浓浓药味的病房带来了不少欢乐的气氛，也伴他度过了生命的最后几天。

第五章 ■ 西花厅岁月

# 巨星陨落

1976年1月8日，对于中国人民是一个爆炸性的日子，当广播中传出周恩来总理逝世的消息后，很多人不敢相信自己的耳朵。自他以后，朱德、毛泽东在那年相继辞世，1976年成了中国历史上一个让人悲痛的年份。

那一年，周总理住院以后我就不回家住了，经过组织同意，正在上学的女儿接回来后也住在西花厅。我告诉女儿，你如果醒来夜里发现妈妈不在的话不要找，妈妈是陪奶奶去医院看周爷爷啦。自从周总理做过第四次手术后，西花厅的空气就变得凝重紧张起来，因为邓大姐每天要去医院，很多工作人员都住在西花厅，连司机也不能回家。

过了1976年元旦，周总理的病情更重了，我们每天从医院回来得很晚，夜里也经常接到电话让我们再过去，有时甚至人刚回来电话也到了，我们不得不转身上车又往医院跑。这一切，都说明周总理的情况十分不好。1月5日，周总理又做了一次大手术，这是他入院19个月以来的第六次大手术，也是他生命中的最后一次手术。那天，我陪着邓大姐直到夜深才从医院回来，刚进门不久，医院又来电话叫赶快去，这次是告急的。这时，我才真正感觉到周总理在世的时间可能不长了。

那些日子，无论白天还是黑夜，我心中始终忐忑不安，电话铃一响，就怕是医院来的。平时别人一提起医院，我的心就突突地跳得厉害，我害怕听到电话那边说出"总理病危"的字眼。

事情说来也巧，自从过了元旦我们每天早上都要去医院的，但偏

▲周恩来总理遗容

▲周恩来总理逝世的消息刚一传出，纪念碑前立刻出现人山人海的悼念群众

偏在 1 月 8 日早上，邓大姐不打算去了。原来，我们 7 日晚上从医院回来时周总理的病情还算平稳，那天邓大姐就打算下午再去医院。

早上 8 点半，邓大姐让我打电话给医院那边问问周总理的情况。值班同志告诉我说情况还好，就是昨天晚上你们走后不久，总理也不说什么，眼睛来回看，就像找什么似的。问他有什么事吗？他不吱声，摇摇头；让他休息，也不闭眼睛。我们也都感到奇怪。但看样子总理精神还可以，今天早上病情也平稳。我告诉他们："邓大姐说今天上午不去了，等总理找时再过去。"

放下电话，我把情况汇报给邓大姐，她也比较放心。谁知前后不过半小时，我就接到医院那边来的电话，高振普说："快！快！！快来，情况不好，马上来。"从他的声音里我听出不好，放下电话时腿都软了，说话声音也发颤。我马上叫司机把车开过来，自己就急忙去找邓大姐。这时，邓大姐正在卫生间，我站在她的背后从镜子里看到自己的脸色苍白，就尽量镇静地说话，不想让她觉得有什么意外。我说："小高来电话啦，让马上去医院，车已经准备好啦，咱们快点去吧！"邓大姐说："刚才打电话还没让去。好！马上走。"说完我们就急急忙忙出来上车。

快要到医院时，我想还得先让邓大姐有点思想准备，就说："小高讲了，情况不太好。"邓大姐听了紧闭双唇没说一句话。

下车后，我扶着大姐急急忙忙往病房走，当走到病房门口时，就看到两边站满了医护人员和工作人员。再仔细看看，整个病房都变样了，平时放的东西全部被撤掉，病床旁全是抢救用具，医生在那里尽力进行抢救，但看样子是希望渺茫了。

虽然还未走到床边，我已经全明白了。邓大姐走到周总理的床边一看：来迟了！

邓大姐一下子倒在周总理的身上，边哭边喊："恩来，恩来……"

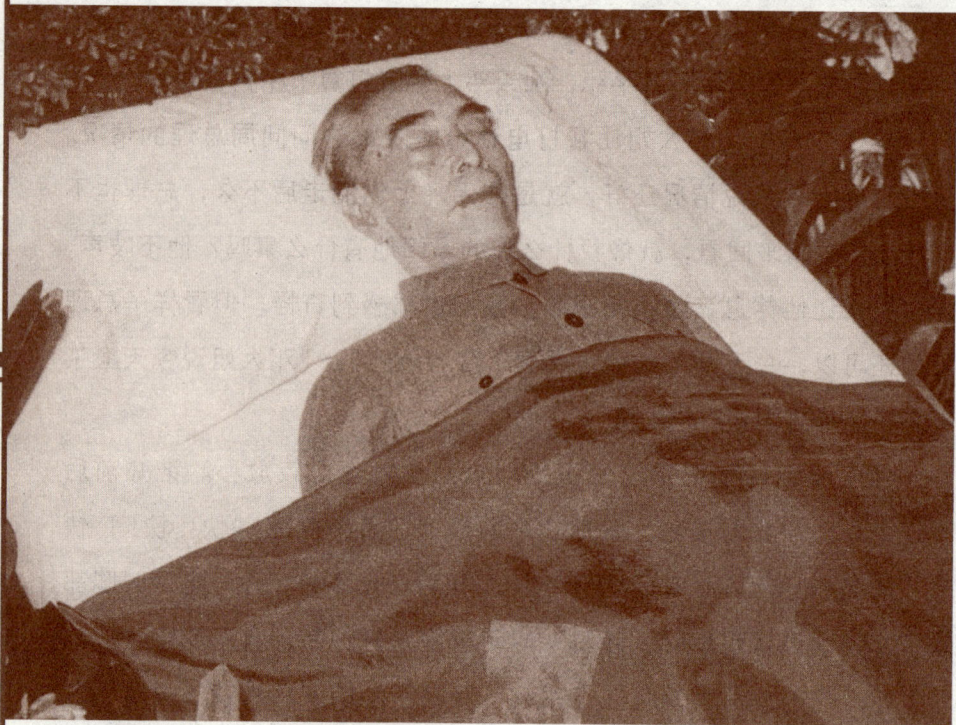

▲ 鞠躬尽瘁死而后已

医生还在想尽一切办法抢救，我的两眼已被泪水模糊了视线。但此时我的重要任务是要扶好邓大姐，我就紧紧拉着她的手，生怕她一下子因悲伤过度而昏倒。

1976年1月8日9时57分，病房里的心脏监护仪上划出了一条直线，周总理真的走了。

顿时，病房里痛哭声一片。邓大姐用哆嗦的双手摸着周总理的面颊，最后用嘴亲吻着唯一亲人的额头。她边哭边喊："恩来！恩来！你走了……"

邓大姐喊着，哭着，悲痛欲绝，病房里也是一片抽抽泣泣的哭声。

护士走过来，把一块洁白的床单盖在周总理身上。这时，医生让我劝邓大姐离开床边。我也意识到她不能留在周总理身边了——她的心脏不好，多年来一直用药维护，万一出点事后果就不堪设想。我赶快扶着邓大姐往客厅走，想让她休息一下。邓大姐也理智地尽量克制住自己的感情。

我搀扶着邓大姐来到客厅，她坐在东边靠门的一个沙发上，我没敢坐远，拿了一个小马扎坐在她的身后。

很快，中央一些领导同志来向周总理的遗体告别，最先来的是邓小平和李先念同志，其他人也陆陆续续走进来。江青来得最晚，可她一进门就在走廊里喊：大姐在哪里？大姐在哪里？这时，邓大姐走出去，江青上来就拥抱大姐，嘴里不知说些什么，我站在旁边听不清楚。事后听同志们讲，江青告别时连看都不看周总理一眼，大家看到这种情景都非常反感。

上午 11 时，中央领导同志到齐了，邓大姐向在场的中央领导同志转述了周总理生前提出的三点请求和她个人的意见。

邓大姐说："他十几年前的意愿是：第一，请求不保留骨灰，将骨灰撒在祖国的江河大地上；第二，对他的后事处理不要特殊，不要超过任何人；第三，不要开追悼会，不搞遗体告别。我希望对恩来同志的丧事要从简，数九寒天，群众太冷，死者什么也不知，所有的一切为了给活人看，浪费人力、物力。上述三点请求报告毛主席、党中央批准。对恩来的丧事一切由组织决定，我个人没有什么意见和要求，希望能满足恩来同志的要求。"

邓大姐说完话，马上发言的是李先念同志，他说："对总理不能不搞追悼会，今后如果不搞追悼会，现在也不能拿总理开刀，这是违背民心的事，我们无法向人民群众交待。"紧接着邓小平同志说："我同意先念的意见，追悼会一定要开的。"没有人提出别的意见，大家的一致看法是，悼念、告别、追悼会都要搞，一切都待请示毛主席最后决定。

第五章 ■ 西花厅岁月

中央领导人离去后，要将周总理的遗体送往北京医院，根据安排，邓大姐就不随着灵车去了。当时，我心情很矛盾，又想送送总理，又想照顾好邓大姐。在西花厅工作了那么多年，如果在这最后时刻不去送送总理，那将是我一生中最遗憾之事。最后一刻，我无法抑制自己，终于下决心向邓大姐说明了自己很想送送总理的心愿。我说："大姐，让我也去送总理吧！"邓大姐很理解我的心情，当即同意同时催我快走，因为其他同志已经上车，我再不走就晚了。

我马上向外跑。有人在后面喊：你不要去，在家里照顾好大姐。

◀斯人已去　风范犹存

270

▲ 邓颖超大姐献给丈夫周恩来的花圈

我边跑边说："有人照顾，是大姐同意我去的。"

当我们把周总理送到北京医院时，所有的人都放声大哭，经过再三的劝阻和动员，我们才依依不舍地边哭边喊告别了周总理！

1976年1月8日，一个我永远不会忘怀的日子。

# 同周总理告别的时刻

从 1976 年走过来的中国人绝不会忘记那一年的元月，当周恩来总理逝世的消息传开后，很多人坐着火车、乘着飞机从祖国的四面八方赶到北京，为的是向周总理作最后告别。当灵车向八宝山驶去的那一天，长安街两侧站满了顶着寒风自发前来送行的群众。十里长街，不断流淌的热泪汇成了思念的长河，人民在呼唤：周总理，我们想念您。

没有了周总理的西花厅充满了悲伤，同志们一个个含着热泪在准备为周总理送行。没有了周总理深夜回来时的脚步，没有了往日的期待，整个院子里一片肃穆。

那天中午，我们回到西花厅后，邓大姐就口述电文让我发电报告诉外地的亲属们听到广播总理逝世的消息后不许来京。邓大姐说：人已经死了，亲属来了非但没有什么意义反而是浪费，还不如在自己的工作岗位上努力工作，这才是对死者的最好纪念。她还交代我说："等我死的时候也不许他们来北京。"周、邓两家的亲戚接到电报后都遵照邓大姐的意思没有进京，只有一位亲属因为没接到电报到北京来吊唁，邓大姐知道后也没说什么。

西花厅的工作人员开始为周总理准备衣服，邓大姐交代不要做新的，就选几件他平时最喜欢又好一点的衣服吧。当工作人员把衣服选好后请邓大姐认定时，邓大姐含着眼泪点点头说："这是恩来的作风，平时为他添置一件衣服都很难，他死后咱们还是要尊重他，不要为他浪费人民的钱。新的旧的都一样，一把火都要烧掉的。这样做也许有人会责怪你们，那也是暂时的。"就这样，在入殓时，周总理穿的是一

▲1976 年 1 月中旬的纪念碑前

件已经穿过多年的中山装和一身旧布衣裤。

　　周总理的丧事如何办？中央拿出了个方案请毛主席批准。当报告呈上去时，毛主席正在休息，直到元月 9 日凌晨 3 时，毛主席醒来才批复了关于周总理的治丧报告。因此，从 1 月 9 日晨 5 时开始，中央人民广播电台向全国和全世界公布了敬爱的周恩来总理逝世的消息。

　　从北京医院回来后我一夜没合眼，一方面是心情悲痛，回忆起在周总理身边度过的往事就久久不能平静；另一方面是在等着听广播。

▲赵炜陪同邓颖超大姐向周恩来总理做最后的告别

清晨 5 点，中央人民广播电台播发了讣告，我坐在收音机旁，任凭自己悲伤的泪水夺眶而出。不一会儿，西花厅的电话忙碌起来，很多人打来电话问我们这是不是真的？

那两天，周总理的遗像卖光了，商店里的黑布卖光了，就连做小纸花的白纸也脱销，北京的大街小巷里，男女老少都臂佩黑纱，白花挂满了天安门纪念碑前的小松柏。

1 月 10 日下午，邓大姐要向周总理的遗体告别，我陪着她再次来到北京医院。在告别厅里，我又见到了敬爱的周总理。那天，躺在青松翠柏与鲜花中的周总理身着的还是那套他生前开会和会见外宾时经常穿的灰色中山装，胸前佩戴着一块从"文化大革命"开始就一直戴着的"为人民服务"纪念章，一面鲜红的党旗覆盖着他的遗体，遗体前摆放着邓大姐献给他的鲜花花圈。

从周总理去世那天起，邓大姐就每天向他的遗体献上一个鲜花花圈，当时，北京的气候很冷，鲜花几乎无处可买，花店就每天从广州空运过来一批鲜花。当广州方面知道鲜花是邓大姐为周总理买的时，曾坚决不收费，但邓大姐不依。她对我说："这笔钱，赵炜你一定要为我付的。"悼念周总理那几天，邓大姐买花一共用了 480 元钱，当时她怕我不照她的要求办，还坚持亲自看过买花的发票才放心。

在邓大姐献给周总理的花圈上，丝绸挽带上写的是"悼念恩来战友，小超哀献"几个字。当时，是邓大姐自己提出这样写的，虽然只有寥寥几个字，但那不寻常的落款却体现了他们夫妻至深至爱的情感。在几十年共同的战斗和生活中，只要是单独相处，周总理总是称邓大姐为"小超"，如今，几十年听惯了的声音从此不再，邓大姐心中的悲伤是可以想见得到的。可邓大姐十分坚强，在向遗体告别的时候，没有放声痛哭，但我挽着她时，却分明感觉到了她的身体一直在轻轻颤抖。

▲寒风中，周恩来总理的灵车驶过十里长街

出殡的日子到了。1月11日下午4时30分，一辆覆盖黑黄两色绸带的灵车载着周总理的遗体缓缓由北京医院开出，我陪邓大姐坐车紧紧地跟在灵车之后。北京医院门口的马路两旁挤满了人，哭泣声为冬日的北京蒙上了一层悲哀的色彩。从北京饭店到八宝山，自发地站在马路两旁的老百姓足有几十万，其中有不少白发苍苍的老人和抱着小孩的妇女。他们中的很多人从早上就开始等候，在零下十几度的严寒里默默地等待了七八个小时。当我们在车里看到这种情景时既感动又悲痛，我当即告诉邓大姐马路上站满了人，并将车窗帘打开让她看。邓大姐让司机加快点速度，说好让群众早点回家。

然而，前面的灵车依然走得很慢，也许是司机不想把周总理尽快送走，也许是他也想到要让群众多见一眼周总理……车缓缓地、缓缓地向前行进着，从北京医院到八宝山这段路程平时只需半小时，这次却足足用了 1 小时 35 分钟。

　　下午 6 点 5 分，灵车终于到了八宝山，我扶着邓大姐下车后朝着周总理的灵棺走去。在告别室，邓大姐再也无法抑制住自己心情，她一下子扑在玻璃灵棺上，望着周总理的遗容放声痛哭，嘴里喊着："恩来！恩来！我们永别了！让我最后看你一眼吧！恩来呀！"

　　这是所有人与周恩来总理的最后的一面，以后永远、永远，我们

▶千言万语汇成一句话：
　周总理，我们想念您！

▲ 诗如海人如潮

都看不到他了！此时，玻璃灵棺前被挤得水泄不通，大家都拼命往前挤，每个人都想最后多看一眼周总理，痛哭声和悲怆的呼喊更是惊天动地。这时，我们在最前面被挤得动不了，虽然我也想再多看周总理一眼，但又怕挤坏了邓大姐，我的任务就是要保护、照顾好邓大姐呀。不要再停留了，我忍住悲伤拉住邓大姐说："大姐，咱们走吧！咱们回家吧！"邓大姐一面哭一面对我说："再让我看一眼吧！再也看不见恩来啦，这是最后一面。"听邓大姐这样一说，我的心都要碎了，两行长泪似乎总也流不尽。这时，同志们为我们打开一条通道，我拉着邓大姐的手，护士刘新莲扶着邓大姐挤出了人群。我们边走还不时回头看看，院子里的哭声、喊声更大了，在黑暗中冲上无边的天际，任何人听了都会心碎欲绝。为了保护好邓大姐，我们把她扶上车，黑夜中，车子向西花厅驶去，留下周总理身边工作人员等着火化遗体。

▲劳动人民文化宫中的灵堂

晚上8点多钟，我们到家了。邓大姐一进门就流眼泪了，她对我说："赵炜，我心里这些天来压得难受，你就让我大哭一场吧！"我理解邓大姐此刻的心情，含着眼泪说："大姐您哭吧，把几天来的悲痛都全哭出来，您也会好受些。我也是感到压得难受，好像心中有一堆大石头堆着似的，喘不过气来。"

"那让我们大家都放声地大哭吧，以后谁也不要再哭了。"邓大姐话音未落，在场的所有同志都哇地大哭起来。几天来，我们都不敢在邓大姐面前过分悲伤，这样放声痛哭一场总算使心中的压抑得到了舒缓。

最后，还是邓大姐先止住了泪水，她缓缓地对我们说："人死了，哭是哭不活的。大家都不要再哭了，要化悲痛为力量。"

听邓大姐这样一说，谁也不敢再哭了，更不能当着邓大姐的面哭了。我们陪着邓大姐在客厅休息了片刻，随后，她拖着沉重的步子慢慢地走进她的办公室兼卧室。这时她对我说："从今以后，我再也不哭了，要继承恩来未完的事业。"

擦干了眼泪，邓大姐的心里还在想着火化的事。她交代工作人员说，对周总理的遗体火化要"安全完整，不能流失一点"。后来我才知道，那天火化时用的是特制的不锈钢火化工具，炉膛也进行了专门的清理。当时火化工人也是极为悲痛，都不忍心火化周总理。周总理的遗体终于在夜里火化完毕，由西花厅的党支部副书记张树迎将周总理的骨灰盒安放在劳动人民文化宫。

▲ 邓颖超大姐最后陪伴相濡以沫几十年的丈夫

第五章 ■ 西花厅岁月

281

▲捧着丈夫的骨灰，悲痛与刚毅都从邓颖超大姐的面容中表露出来

# 寻找撒骨灰的合适地点

当听说周恩来总理的骨灰要撒向祖国的江河大地时，中国的老百姓的确无法理解将要发生的事，他们都希望能把周总理的骨灰留下，以便将来有个悼念的地方。身为周总理生前党支部委员的赵炜虽然也有这样的愿望，但毕竟她在周总理身边工作了 20 多年，对周总理的想法和遗愿比普通老百姓理解得更深。因此，当邓颖超把为周总理寻找一块合适的撒骨灰地点的任务交给她和两位同事时，她郑重地接受了。

虽然周总理生前有遗嘱，但当 1 月 12 日党中央、毛主席批准他撒掉骨灰的要求时，我们的心情还是悲痛得难以形容，同时更是充满矛盾。不这样办吧，违背了周总理生前的心愿；这样办吧，心里确实十分难受，一个共和国的总理，把自己的一生都献给了党和人民，如今去世了连骨灰都不能留下，这是一件让全国人民多么不理解的伤心事啊。然而，我们是多年来在周总理身边工作的人，我们不能违背他的遗嘱，我们必须去完成这个令人伤悲的艰巨任务。

12 日上午 9 时，邓大姐把张树迎、高振普和我三个人叫到一起，她郑重地向我们交代任务——让我们去寻找适合撒掉骨灰的地点。邓大姐说："恩来的去世是我们党的损失，我的心情非常悲痛。但党中央、毛主席批准了恩来同志不保留骨灰的请求，我很高兴。因为恩来同志生前最担心的是怕我办不成这件事，现在可以完成了。咱们要为共同去实现他生前这一愿望而继续工作。我很想自己亲自去完成，但是，目前条件不允许我去做，我出去目标大，再说天气太冷，我也年纪大了。恩来是党的人，也是你们党支部的党员，所以这件事也要依靠支部。请你们三位同志去找找骨灰往什么地方撒，何时去撒，怎么撒。地方要选好，不要被人发现，一旦发现将来又是纪念的地方，反而违背了死者的心愿。你们不要惊动更多的人，也不要麻烦组织，在北京找一找，到玉泉山、八一湖等有水的地方看看能不能撒骨灰，总之不能留下痕迹。"

说这话时，邓大姐一直看着我们。这时，高振普提出为尊重亿万人民怀念周总理的感情，能否把骨灰在西花厅摆放几天再撒，邓大姐却执意不让这样做。她说："我很理解你们的心情，但你们要认识到这是十几年前我们共同约定的相互保证的事。由土葬到火葬是一场革命，由火化后保留骨灰到不保留骨灰而撒掉又是一场革命，这是恩来和我的一次彻底革命啊！你们一定要认清楚这一点。这一场革命也是同几千年以来的旧传统习惯决裂。"她还告诉我们，如果选好地方，等开完追悼会后不要惊动任何人，一切从简，夜里我带领你们少数同志去撒骨灰。听完邓大姐的一番话，我们三个人都很感动，没有什么好说的，只有按照邓大姐的话去办，我们不能辜负她对我们的信任。

从邓大姐那里出来，我们立即出发去找适合撒骨灰的地方。但1976年的北京似乎特别寒冷，尤其是在数九的天气里，到处都是冰封大地，骨灰撒在哪里啊？我们驱车在北京附近察看了几处地方，都觉得不理想——玉泉山的水很小，八一湖大部分河段都冻了冰，只有一小段地方有点水流，如果骨灰撒下去就会在不远的地方聚集起来，再说就这样把骨灰随随便便地一撒我们也觉得对不起周总理、邓大姐和全国人民哪！

找不到一个合适的地点，我们三人当时的心情别提多难受了。下午回来后，我们把看的几处地方如实向邓大姐汇报了，同时提出应该报请党中央寻找一处合适地方的建议，邓大姐同意了。

▲虽然悲痛万分，但赵炜还是没忘记照顾好邓大姐的职责

第五章 ■ 西花厅岁月

▲移灵时刻

西花厅岁月

# 送别周总理

1976 年 1 月 12 日到 14 日，在北京劳动人民文化宫设立的灵堂里，首都各界人士和许多外国友人开始悼念周总理。数九寒天，人们排着长长的队伍，从早上 8 点到下午 4 点络绎不绝地走进劳动人民文化宫。

12 日上午，钓鱼台宾馆派人给邓大姐送来两盆盛开的水仙花，表示宾馆全体同志对周总理的悼念和对邓大姐的慰问，我们把花收下了。水仙花开得十分茂盛，我想家里热，水仙花很快就会开败，不如送到劳动人民文化宫放在周总理的骨灰盒两边，让它们陪伴着周总理，同时也寄托钓鱼台的同志们对周总理和邓大姐的一片深情。

我把自己想法同邓大姐讲了，她表示同意，并让我马上送过去。这时正好是中午 12 点半，劳动人民文化宫外面还排着很长的吊唁队伍。在工作人员的帮助下，我把水仙花摆放在骨灰盒的两侧，素雅的白花顿时使庄严肃穆的灵堂增添了几许生机。20 年后从一位经办同志的嘴里，我才知道由于"四人帮"的干扰，那时每天去劳动人民文化宫吊唁总理的人数和时间都要受到限制，但实际上组织者既不去限制也不想阻止，所以来吊唁的人实际是规定人数的两倍。

从劳动人民文化宫出来，我去了天安门广场的人民英雄纪念碑，那里群众献的花圈很多，连纪念碑四周的小柏树上也扎满了白花，周总理的大幅遗像被挂在纪念碑的正面，很多人还献上了悼念周总理的诗文。回到西花厅后，我将自己亲眼所见的情景告诉了邓大姐，她从中得到很大的安慰。

在三天的吊唁中，西花厅一直很平静，因为邓大姐让我婉言谢绝了所有想来看望她的客人。

　　1月14日晚上，我们提前做好了一切准备工作，因为邓大姐吃完晚饭后要在7点钟准时到达劳动人民文化宫。第二天将是周总理的追悼大会，我要陪着她将周总理的骨灰送到人民大会堂。

　　我扶着邓大姐来到周总理的灵堂前，她站在骨灰盒和遗像前三鞠躬，我们在场的所有人也站在两侧随同邓大姐一起三鞠躬。随后，邓大姐轻轻捧起周总理的骨灰盒，转身向同志们说："我现在手捧着周恩来同志的骨灰盒向在场的所有同志表示感谢。"听到邓大姐这两句感人至深的答谢，灵堂里一下子悲声四起，哀乐被哭声掩盖。邓大姐强忍着悲痛，手捧着周总理的骨灰盒，迈着沉重的脚步，一步一步地在凛冽的寒风中向外走去，我和护士刘新莲怕她捧着那个沉重的骨灰盒太累，就从两边各伸出一只手帮她托着，后面，那些曾经为周总理守灵的同志们紧紧相随。

　　在周围的一片哭声中，邓大姐上车了，我们的车缓缓离开了劳动人民文化宫。不知为什么，那天的夜晚天特别的黑，几乎伸手不见五指，但奇怪的是，天安门前面那段路没亮一盏路灯，整个广场一片漆黑。这是谁的主意？我们悲痛的心又蒙上了一层气愤。汽车在黑暗中慢慢地行驶，我掀开窗帘向外看看，呀，路两旁站满了人。也许，人们想到了今晚会将周总理的骨灰移送到人民大会堂，因此，他们不顾寒冷在这里等候。这时，邓大姐嘱咐司机说："慢点开，别碰伤人。"那天晚上天安门前为什么不开路灯？这是有人预先布置好的还是突然的事故？这在我心中成为一个始终猜不出结果的谜！

　　汽车在大会堂的门前停下来，邓大姐慢步走上一级级台阶，最后亲手将周总理的骨灰盒安放在台湾厅。之所以选择把总理骨灰放在台湾厅是经过一番考虑的，周总理生前一直关心和致力于祖国的统一大业，很多年来他一直在期盼台湾的回归。让他骨灰于存在的最后时刻

▲邓小平在为周恩来总理致悼词

摆放在台湾厅，寓意着他的心永远和台湾人民在一起，也意味着周总理的遗愿就是两岸人民的统一早日实现。周总理的骨灰在台湾厅停放了一夜，第二天又送到了人民大会堂的西大厅。

1月15日下午，周总理的追悼大会要在人民大会堂举行。邓大姐饭后稍事休息，我们就准备前往会场。出发前，邓大姐对我交代说，追悼会后还能有点时间，将恩来身边工作人员、医务人员和亲属留下来，我要对他们讲几句话。邓大姐想讲些什么，我一点儿也不知道，那时也没时间细问了，我唯一能做的就是立即通知有关同志具体安排。

2时15分，邓大姐离开西花厅去人民大会堂。下午3时，人民大会堂西大厅响起哀乐，周总理的追悼大会开始了，大厅里又是哭声一片，有的人甚至哭得昏倒了。然而，这一刻的邓大姐特别坚强，她身着一套十几年前做的黑色旧西装，一个人坚强地站在家属的位置上，虽然泪水从她的脸上不停地往下淌，但她没有哭出一声，透过悲伤的面孔，表现出的是一个老革命者非同寻常的坚毅。看到无儿无女的邓大姐一个人站在前面，再看看她的神情和脸上的热泪，人们的心都要碎了，我更是难过得只想流泪。那天，是邓小平同志代表党中央致的悼词，当时毛主席已经身罹重疾，他已经无法出席周总理的追悼会了。

开完追悼会，邓大姐带着我们到了人民大会堂西大厅内的北小厅，在那里，她亲手打开骨灰盒，用颤抖的双手一捧一捧地把骨灰分装在

▲人民悼念周恩来总理的方式

四个塑料袋里，还不时地拿起一块遗骨仔细地看看。邓大姐含着泪水对周总理说："恩来，我完成了你的意愿，你的愿望就要实现了，你安息吧！我们永远跟随毛主席战斗。"看到我们流泪，她又说："要化悲痛为力量。"

骨灰装好后，我们开车去通县机场。这一天，虽然老百姓都不知道周总理的骨灰什么时间送走，在什么地方扬撒，但他们还是早早地站满了西长安街两侧，每一个人都想最后再送周总理一程。然而，由于邓大姐一再强调保密，不要再惊动人民群众，车队只好从人民大会堂西北门出来，上了长安街后一直往东开，等到群众发现时，我们已经走远了。

这一晚，好像老天爷也知道我们要送周总理似的，明月高悬，繁星闪烁，夜空格外清澈。在通县机场，一架平时撒农药用的"安二"型飞机正等在那里，治丧委员会的两位同志和周总理生前的卫士张树迎、高振普将代表邓大姐去撒骨灰。飞机起飞了，邓大姐、医生陈士葆、护士刘新莲和我一直站在冰冷的土地上静静地目送，直到飞机穿入云端。

回家的路上，邓大姐对我说："我一块石头落地了，恩来的骨灰撒掉了，我很高兴，也得到安慰。"我们到家时已经8点多了，在家的同志都在客厅等候邓大姐回来。我们进门后邓大姐在客厅稍稍坐了一会就起身慢步走进她的办公室兼卧室，她对着墙上周总理的遗像对我说："完成了恩来的嘱托，恩来的愿望实现了。大家都不要哭了，要化悲痛为力量，我们要继承死者未完成的事业。"

撒周总理骨灰的飞机预计夜里12点才能回到北京，邓大姐身体不好，我们让她先休息，由我守在电话机旁等待空军的报告。这次飞行对于空军的同志来讲是终生难忘但同时也是极为难过的一次任务，空军司令员张廷发亲自守在电话机旁，每当得到机组的一点情况就及时打电话向西花厅报告。夜里 12 点，负责撒骨灰的四位同志顺利完成任务，按原定计划准时返回北京。

第二天，邓大姐一起来就问我昨晚撒骨灰的情况。我将空军报告的情况简单讲了一下，邓大姐马上说："等 9 点钟老张和小高他们来了就知道全部经过了。"不到 9 点，邓大姐已经在客厅的门口等着了，她心里急于要见到张树迎和高振普，了解昨晚的每个细节。当老张和小高进来时，邓大姐上前紧紧抱住他们二位说："我谢谢你们！也代表恩来谢谢你们！你们俩为恩来同志服务到最后。"

张树迎和高振普向邓大姐详细汇报了撒骨灰情况：周总理的骨灰由他俩负责往下撒，飞机起飞后不久，首先在北京上空撒掉一份；第二站是密云水库；第三站是天津海河；第四站是山东黄河入口处。当时，邓大姐再三交代我们，不管谁问，也不要说出周总理的骨灰撒在什么地方。在邓大姐在世的日子，我们一直保守着这个秘密，直到她去世后才把周总理骨灰的撒落地点透露出来。

听完汇报后，邓大姐走到周总理卧室的办公桌前，对着他老人家遗像下的空骨灰盒对我们说："现在面对着恩来同志的骨灰盒对你们说，恩来同志生前十几年的愿望已经实现了，他的骨灰已经撒在祖国的江河和大地上，我感到非常的愉快和安慰。我死的时候，希望你们今后也支持我这样做。这个骨灰盒可以留给我用，这样可节省一个。"

丧事办完后，秘书们开始清理周总理的文件，服务人员也要清理周总理用过的生活用品，没有周总理的西花厅变得冷清起来。几个月后，周总理的秘书和卫士们都陆续调到别的部门工作，西花厅只剩下了女主人邓大姐、一名司机、一名服务员、一位厨师和我几个人，我们要慢慢地习惯没有周总理的日子。

▲人民的好总理，人民怀念您！

西花厅岁月

第六章

老的树最好烧

老的马最好骑

老的书最好读

老的酒最好喝

老的朋友最可信赖

——莱特

# 邓大姐召集我们开会

开过周恩来的追悼会后，邓颖超没有离开人民大会堂就召集家属和工作人员开了一个会。在那次会上，邓颖超除了对亲属提出一些要求外，还特意提到了一直担任她秘书的赵炜。她希望亲属们都应该对赵炜尊重和信任，还特别表明，这许多年赵炜在与亲属交往方面所做的一切都得到了她的同意。在以后的 17 年里，邓颖超和赵炜朝夕相处，在她的眼里，赵炜不是亲人却胜似亲人。

按照邓大姐的吩咐，周总理的追悼会结束后，他身边的工作人员、医护人员和亲属都来到西大厅。大家落座后，邓大姐平静地说："刚才你们都参加了周恩来同志的追悼会，我在这里同你们见见面，有些话还想谈一谈。"邓大姐要谈些什么，我当时一点也不知道，但猜想谈话内容可以会同家属有关。大家都忍住眼泪望着这位刚毅的老人，静静地听她讲话。

邓大姐说："恩来去世了，你们都很悲痛，我也很悲痛。但是，悲伤和眼泪不顶用。人总是要死的，但死的意义有不同，一个人为人民的利益而死，就是死得其所。恩来同志正是这样的人，他是一位人民的勤务员，他一生的追求和奋斗，都是为了人民的利益，为了实现共产主义远大理想这样一个崇高目标。你们在座的，有的是共产党员，有的是共青团员，有的虽然不是党员团员，但都是革命同志，都要响应党中央的号召，化悲痛为力量，继承恩来的遗志，努力做好各自的工作，为把我国建设成为社会主义现代化的强国而奋斗。"

对于那些曾在周总理生命最后阶段为他治病和护理的医务人员，

▲ 赵炜（前排右）陪同邓颖超与邓小平夫妇、康克清一起给老革命家蔡畅祝寿。中间小
女孩是赵炜的女儿赵琦

邓大姐表示了由衷的感谢，后来她还自己出钱在北京饭店安排了一次西餐午宴，专门答谢这些同志。

邓大姐向大家讲了不保留周总理骨灰的想法的形成和重大意义，希望大家都能理解支持。她告诉大家周总理临终前说过：现在癌症的治疗还没有好办法，我一旦死去，你们要彻底解剖检查一下，好好研究研究，能为国家的医学发展做出一点贡献，我是很高兴的。

对于周总理的后事安排，邓大姐也向亲属们解释说：恩来生前曾经对我说过，葬仪要从简，规格不要超过中央的任何人，一定不要特殊化。这件事，我已经向党中央做了报告。对于丧事安排，我是严格按照三大纪律八项注意的第一条"一切行动听指挥"，没有提出一项个人的要求，一切都由治丧委员会决定。恩来的遗体是由西花厅党支部负责火化的，因为他是西花厅党支部的党员，在具体落实吊唁仪式

▲邓颖超与到西花厅看望她的侄子邓光弼

时，有些事情应该放到支部里去做，由支部的同志来承担。我想这是符合恩来生前愿望的。

邓大姐还特意嘱咐亲属们说，恩来生前是党和国家的一位领导人，但他总是把自己看成一个普通的共产党员，处处严格要求自己。在几十年的革命生涯中，恩来始终如一地遵守着这条共产党人的最重要的准则，永远保持和群众的最密切联系，从不搞特殊化。他一生虽然为党和人民建立了许多功勋，但从不居功自傲，而是经常检讨自己。现在，我们作为他的亲属，又有什么理由把自己放在一个特殊的地位呢？我们千万记住，不要以为自己在革命的征途上有什么特殊，不要夸耀，不要吹嘘，一定要谦虚谨慎，要多向革命老前辈学习。

讲到最后，邓大姐话锋一转，指着我对大家说："我在这里还要向你们讲一件事，就是赵炜同志。她跟我工作10年，在这以前在总理办公室工作了10年，她对同志热情，很有原则性，她告诉你们一些事，都是我让她告诉你们的。我没有说的，没有把握的，她都要来问我，不会个人决定问题的。你们对她应该像同志般的信任，她为你们做了不知多少工作，生活、医疗……都是她替我和伯伯做的，你们都应该对她表示感谢。她今后还要跟我一起工作，因为伯伯在病危时，握着她的手让她把我照顾好。"（原话如此，未做修饰）

听邓大姐这样一讲，我心中很感动，但同时又觉得自己肩上的担子格外地重。的确，周总理在世时把照顾邓大姐的工作托付给了我，在今后的日子里，我不但要完完全全地辅助她的工作，而且必须无条件地照顾好她老人家的生活。我暗暗在心里发誓：周总理，您就放心吧，赵炜一定不会辜负您的嘱托，我一定会如亲生女儿般照顾好邓大姐，不让她有一丝一毫的寂寞感。

◀怕邓颖超大姐
出去感冒，赵
炜把她捂得严
严实实

# 一件特殊的小棉袄

　　周总理的丧事刚过不久，春节来临了。往年，西花厅的春节虽然不是很热闹，但周总理再忙也要在家同邓大姐一起吃顿团圆饭。然而，1976年的春节，西花厅失去了男主人伟岸的身影，无子无女的邓大姐将独自面对着失去亲人的冷清。人民没有忘记周总理，人民也没有忘记孑然一身的邓大姐，很多人用不同的方式，表示着对这位年逾古稀老人的尊敬。

　　春节快到了，我一直琢磨着怎样在这个失去周总理的春节让邓大姐过得愉快些。春节前夕，人民日报社给西花厅转来一个包裹和一封信，我收到后心中还很奇怪：这是什么包裹，为什么要从人民日报社转来呢？当我打开包裹，发现里面是一件崭新的绸面丝棉袄，再拆开信一看，原来是天津红桥区服装二厂的73名青年工人写给邓大姐的，她们说自己就是邓大姐的儿女，寄上一件小棉袄略表对这位革命老人的敬意。

　　我立即把信和包裹送到邓大姐的面前，告诉她事情的原委。邓大姐急忙接过信，戴上老花镜一字一句地仔细看信，看完后，她又脱下上衣试了试小棉袄。看来邓大姐非常喜欢这件春节前来自她第二故乡的礼物，她穿着棉袄高兴地说："就是稍微大一些。"旁边的工作人员当即表示可以改一下，让她穿上这件丝棉袄过春节。

　　试完衣服后，邓大姐感动地说："这些青年多有办法，没有尺寸，又没有见过我，还能做出这么合体的棉衣，真难为她们了。感激他们为我费了很大的心。赵炜，你知道我一贯不收人家的礼物，可是，这

▲ 邓颖超大姐穿着天津工人送的小棉袄过新春

件棉衣不收不行呀。"我说:"当然。她们要表示对总理和您的一片真挚爱心,您应该接受他们的心意,决不能退回棉袄。""得收下,不能退。"邓大姐也连声说:"这是她们的一片心呀!退回会伤了73位青年的心。但是我要付钱给他们,你说30元够不够?"我回答:"差不多,如果给多了他们也不好办。"邓大姐接着说:"你马上回一封信并寄去30元,信写好后给我看看再发。不要耽误,马上去办。"我回到办公室后立即写信:

红桥区服装二厂的七十三位青年工人同志：

　　现遵邓大姐嘱，复信给你们。你们厂的 73 位工人同志亲手缝制的丝棉袄送给她，已经收到。

　　青年工人们一针一线缝的这件棉衣，真是穿在身上暖在心里。你们的革命感情使她非常感动。她感谢你们对她的关怀与慰问。

　　但她从来不收礼物的，能退的就退，不能退的就自己付款。这件棉衣就不退回了，理解你们的心意，如退回会使你们难过的，所以寄去 30 元钱作为成本费。这笔钱如不好处理，可购买书籍和学习用品。

　　3 月 16 日，当 73 位青年工人终于收到我写的这封信时，欣喜若狂，激动得流下了泪水。他们用邓大姐寄来的钱，不但买了书籍，还买了庆祝胜利的鞭炮和糖。他们又给邓大姐寄来一封信和喜糖，并要求邓大姐写一张题词。从不题词的邓大姐从心里不愿拒绝这些青年们的要求，便以"为共产主义革命的一个老战士"的名义为他们题了词。

　　这件小棉袄当时为什么要经由人民日报社转来，这在我和邓大姐的心中成了一个谜。但是邓大姐心里一直没有忘记为她做小棉袄的 73 名青年工人，她经常跟我念叨说，如果有机会到天津就一定看望他们，要当面表示对他们的感谢。

　　8 年后，即 1984 年 6 月，邓大姐在全国政协六届二次会议闭幕后登上泰山，并于返京途中回到天津，我们终于有机会见见那些当年一针一线缝制过小棉袄的工人们了。

　　邓大姐一下车，就让天津市委办公厅的同志打听这 73 名工人，可没想到这却不是件容易的事。原来，当年寄棉袄时的服装厂已经改了名字，那 73 名工人也早已经分散到了五六个单位。为了帮助邓大姐实现愿望，市委办公厅的同志费了许多周折，结果终于打听出了这 73 位工人的下落。

1984 年 7 月 4 日，时任全国政协主席的邓大姐，要和她的海河儿女见面了。那天，73 人中除一人病故、一人生病之外，其他人都到了，邓大姐一见面，就和他们一一握手。有人怕邓大姐身体吃不消，劝她说："行了，这么多人不必都握手了。"

"不行，"邓大姐说："8 年前你们每个人都一针一线地为我缝过棉衣，我今天要一个一个地握你们的手，表示感谢！"

让邓大姐这样一说，工人们的拘束劲儿全没了，他们紧紧握着邓大姐的手，一边流泪，一边七嘴八舌地跟邓大姐说着心里话。

邓大姐也很激动，她说："你们 8 年前给我寄了一件非常珍贵、浓厚的、情意绵绵不断的丝棉袄。那件棉衣给我带来了极大的温暖、极

▼邓颖超大姐 1984 年来到天津，与当年送她小棉袄的工人们见面

▲ 邓颖超大姐在天津察看"文化大革命"后清退物资

大的激励，我呢，一直把那件丝棉袄看成是极为珍贵的纪念品，曾经穿它过了两个冬。穿着你们的棉衣，我出席了党的十一届三中全会；穿着你们的棉衣，我见过许多外宾，也见过我们当年的许多同志，有机会我就给他们说上两句。我觉得我很骄傲，有那么多男女同志，而且你们说是我的儿女，我当然觉得骄傲得很！"

有位工人问："邓妈妈，棉衣穿着合适不？"

"合适，合适。"邓大姐连声说。

这次会见中，不仅让邓大姐实现了要和73名工人见面的愿望，也使我们了解到当年缝制小棉袄的过程，解开了为什么包裹要由人民日报社转来的谜。

原来，周总理去世后，天津市红桥区服装二厂的青年工人心中就装下了一个谜团，他们不明白，为什么报纸上除了外国的唁电，连一篇悼念文章都没有呢？为什么不许人民戴黑纱开追悼会表示悼念之情呢？为什么周总理的灵堂上只有邓颖超同志一人守灵呢？他们气愤不已，硬是冲破禁令布置了灵堂，和支部书记一起举行了追悼会。但还是感到意犹未尽，总是想怎样才能更多地表达一点自己的心意呢？

春节前正是服装厂大忙的时节，正在日夜赶活的工人们心里却一直惦记着刚刚失去亲人的邓妈妈。"我们是服装厂的工人，做一件棉袄交给邓妈妈怎么样？"工人张宝发终于想出了一个好主意。

话音刚落，立刻得到响应。工人杨明说："我们天津人有句俗话'女儿是妈妈的贴身小棉袄'。周总理和邓妈妈为革命奋斗了一辈子，却没有一个亲生子女，我们不就是他们的儿女吗？咱们就做一件贴身棉袄交给邓妈妈，表表咱们对周总理的心意，也让它温暖邓妈妈的心。"

话说得好，服装厂的 73 名青年工人一致赞同，他们每人拿出五角钱，将采购任务交给张宝发、杨明、杨敏和李辰欣四位同志。1976年 1 月 17 日，张宝发等来到天津市百货大楼买布料，售货员听说要为邓妈妈做棉袄，都兴奋得帮着参谋起来。选遍了货架上和仓库里的所有绸缎后，大家最后决定：用深灰色的春绸做面，用浅灰色的薄绸做里，里面絮上软软的丝棉。

方案确定了，实施起来却犯难了。做服装讲究的就是量体裁衣，可邓妈妈不在身边，怎样量体呀？青年们看着衣料着急，谁都不敢动剪子，只得去请教老师傅。

李立章和田铸正师傅都是有着 40 多年裁剪经验的专家了，就靠着在电视上看到的邓大姐身材和她的一张照片，他们凭着感觉、经验和高超的技艺，画出了裁剪图，最后由专做便服的李师傅动手剪裁出来。以后，73 位青年工人一针一线连夜赶制把棉袄做了出来，他们想让邓妈妈春节时能穿上这件新棉衣。

棉衣做好了，没想到寄又成了问题。寒冬腊月，当青年工人杨敏踏着严霜，怀揣着73颗滚烫的心兴冲冲地赶到邮局寄包裹时，遭遇到的却是一番盘查和"你明天再来一趟吧"的回复。杨敏手提包裹愤愤地走出邮局，穿过几条街又进了另一个邮局，可是那个邮局也是一样不肯收寄。当杨敏回到厂里，市里的电话已经来了。领导说，已经请示过北京，包裹就不要寄了。

寄一件包裹，还要请示北京？73名青年没管这一套，他们聚在一起想办法。后来有人提议改换收信人的姓名地址，把包裹寄到北京的人民日报社，请他们转送，大家一致同意。这样，青年们又换上一块包裹布，重新写上地址，终于把包裹寄出去了。后来，他们收到我的复信，知道邓大姐收到了小棉袄，心里才踏实。

听青年们讲述了寄出小棉袄的这段曲折故事，邓大姐更为感动，她亲切地和"儿女们"拉起家常，问他们都结婚了吗？有小孩吗？小孩淘气吗？还嘱咐他们千万不要打孩子。邓大姐的话语常常引来一片笑声，青年们围着他们敬爱的邓妈妈合影，从此一张珍贵的照片留在了邓大姐的影集中。

分别的时候，邓大姐提笔为青年们写下了"当代青年在建设有中国特色的社会主义中，要有所作为，有所好为，有所大为"，作为对这些热情的海河儿女的鼓励。

后来，我和这些天津工人也建立起很深的友谊，邓大姐去世后，我去天津时，他们中间还有人来看我。

▲赵炜陪同邓颖超大姐在北京郊区农民家作客

# 难忘的1976，从清明到金秋

从那个年代走过的中国人，没有谁能忘掉1976年的元月，同样也没有谁能忘掉那一年的清明、酷夏和金秋。4月，因为祭奠周总理，"四人帮"血洗天安门广场；无数群众只因为思念周总理而锒铛入狱；7月，朱德同志去世了；22天后，唐山大地震突如其来，一个城市在夜半中毁于一旦；9月，又一颗巨星陨落，毛泽东主席辞世，中国在一年中第三次降下半旗。同所有的中国人一样，工作生活在红墙内的赵炜也一次次经受着突如其来的变化，而在金秋十月丰收的日子，她陪伴着邓颖超一起分享粉碎"四人帮"的喜悦。

1976年春节过后，西花厅变得清静起来。由于当时的政治形势，有些人不敢接近我们，我们也尽量不主动接触人，免得给人家找麻烦。邓大姐当时对我交代："谁想来看我，首先谢谢他们对我的关心，但基本婉言谢绝。这样做是对他们的爱护，免得产生不必要的麻烦。"尽管邓大姐这样说了，但也有一些和周总理感情至深的老同志老朋友，如蔡畅大姐、聂荣臻、张瑞华等都来看望邓大姐。每次来人，他们一见到邓大姐和客厅墙上挂的周总理遗像时就会掉眼泪，刚强的邓大姐总是劝说他们不要悲伤。"人死了是哭不活的，咱们要坚强。要说哭，我比你们谁都难过，哭的应该更多，可是我不那么办，恩来死后我只哭过三次，哭有什么用呀？只有化悲痛为力量，继承死者的遗志，把中国的事办好。"每每来人，邓大姐都会这样讲。在周总理去世后，正是由于邓大姐的坚强，我们才逐渐恢复了正常生活。

邓大姐依旧按照自己的习惯有规律地生活着，她每天看报、看书、听广播、练毛笔字，更多的时间是我陪着她一起聊天儿。当时从全国各地给邓大姐寄来的包裹和信件很多，她让我把大部分东西都退了回去，除了天津的小棉袄，她只留下了上海红星绒绣厂送来的一幅绒绣的周总理像，而且按照她历来的原则，让我写信致谢，同时寄去了50元钱。

时间过得很快，没等客厅里周总理遗像前的鲜花凋谢，他的诞辰日又到了。北京的街头开始出现纪念传单，人们对"四人帮"的倒行逆施再无法容忍了。清明节的时候，北京的悼念周总理活动达到高潮，人民英雄纪念碑前人如潮，诗如海，花圈挨着花圈，挽联连着挽联……

▲民心不可逆

第六章 ■ 西花厅岁月

虽然，邓大姐再三嘱咐我们不要去天安门，但我们在西花厅里也听到外面不少消息，同志和朋友们寄来的诗词、照片也很多，心里就总想着要去那里看看。百闻不如一见，哪怕抽空能去天安门看上一眼呢，我心里想。

机会来了。4月3日上午，邓大姐到人民大会堂参加老同志学习组的学习，趁这当儿，我就和一位同志去了天安门广场。那天，天色阴沉，细雨蒙蒙，但纪念碑前依旧挤满了一拨一拨前来悼念的群众，还有很多人趴在墙上抄诗词，我也拿出笔纸抄了几首。

下午，邓大姐起床后，我将去天安门广场一事告诉了她，并且将我抄来的几段诗词读给她听。邓大姐很认真地听完我读诗词，然后语气郑重地对我说："我早告诉你们不要去，你不听。你以后再也不要去了，如果被人认出你来，会说成我派你去的，这样会带来麻烦。你对恩来的感情与怀念是对的，我不反对，我也很理解你，但我们要从政治上考虑问题，不要简单地从个人感情出发。目前那里不是你该去的地方，你就不要去。你懂我的意思吗？"我回答说："我懂。大姐，以后我再也不会去的，请您放心好啦。"

邓大姐的想法是对的。没几天，罗青长的儿子儿媳夫妇俩在天安门广场念悼词，被便衣录像后抓起来了。我把这事告诉了邓大姐，她说："你看，问题发生了吧？你那时去我就怕这个。他们也许不抓你，但可以说到我头上来。现在青长同志的压力不小呀，哪天咱们去玉泉山看花，回来时去他们家看看青长、希健两口子。很久没有见面了，对老朋友还得关心关心呀。到时你记着，将院子里的花剪几枝带给他们。"

5月8日，是个不错的好天气，早上，邓大姐就交代要去玉泉山看花。过去到玉泉山看花时，我们也经常在回来时拐到罗青长家坐坐，而这一次，邓大姐似乎是为了去罗家才想到要看花。

▲1976年清明节时的天安门广场

那天，罗青长两口子听说大姐要去看他们高兴极了，在这种阴云密布的时候，邓大姐亲自来看他们，那该是多大的安慰和信任呀。见面后，邓大姐告诉罗青长夫妇此次是特意来看他们的，还关切地问："罗杭两口子有消息吗？"罗青长原本以为邓大姐不知道儿子和媳妇的事，也没打算告诉她，不料邓大姐却先问起来。邓大姐说："他们被抓事我早就知道了。小罗呀！你们要经得起考验，没关系，你们要相信自己的孩子。什么事物极必反。恩来在世时，党内搞得那么紧张；恩来去世了，还是那么紧张到处抓人。我想罗杭的问题会搞清楚的，不能急，急也没用。"听了邓大姐的话，罗青长和希健很感动，他们相信自己的儿子和媳妇一定会回来，就请邓大姐放心，保重身体。望着邓大姐带来的牡丹花，希健高兴地说："很久没有去西花厅了，这花真香、好美呀。大姐，您给我们带来的是温暖和安慰。"

过了几日，邓大姐去看李四光的女儿李林和女婿邹承鲁，他们是一对同在中科院工作的院士夫妻。见到邓大姐，李林和邹承鲁有说不出来的高兴，李林告诉邓大姐，她清明节前后去过几次天安门广场，拍了许多照片。说着，李林拿出一个照相簿送给邓大姐留作纪念，邓大姐没有推辞就接了过来。她感慨地说："谢谢你，李林同志。我很珍惜你送我的这份珍贵礼物，我一定好好保存。"粉碎"四人帮"后不久，李林和邹承鲁来到西花厅看望邓大姐，说话间又提起那本照片。邓大姐说："你拍那些照片当时是很危险的事。我后来想，如果有人来抄我的家时，问我哪儿来的照片，我就说别人送的。谁送的不记得了，我老了。他们也没有办法。"

作为一个革命多年的老党员，邓大姐知道，"四人帮"如果得逞也一定会对她下毒手，因此，她做好了一切思想准备，还嘱咐我说："到时候你不用管我，能想办法溜开就溜开去报告组织，千万不用管我。"我说："真到那时候，他们也不会放过我的。找组织，谁代表组织的

▲周恩来总理与著名科学家李四光交谈

呀？反正我是不会离开您的。"听我这样一说，邓大姐拉住我的手。我们同时作好了随时应对突发事件的思想准备。

夏天来了，有一天邓大姐忽然想去北海公园的荷花池边去散步锻炼。那时正逢荷花盛开，邓大姐有时6点半就到了北海，一连去了数天，都是回来再吃早饭。有一天，我们刚到，我从远处发现有一位老人好像是夏之栩大姐，就对邓大姐说："好像是夏大姐。"邓大姐马上说："你先走几步，去看看是不是夏大姐。"我急忙跑了几步，当快走到夏大姐跟前时，她已发现了我。夏大姐高兴地说："赵炜！你怎么这么早到这里来啦？大姐呢？"我马上用手指着对面说："你看，那不是邓大姐吗！"

两位大姐见面了，她们高兴得就像久别重逢一样，互相拉着对方

◀粉碎"四人帮"后
心情愉悦的邓颖超

的手，你看看我我看看你。邓大姐说："之栩，我看你还不错呀！"夏大姐接着说："还行。大姐我看你也很好，看到你健康我很高兴，我真惦记你呀，没想到今天能在这里相遇。"两位大姐聊着聊着，话题又回到30年代，回忆起当年在上海做地下工作的情景，也回忆起夏娘娘和邓大姐的母亲杨振德住在一起共同掩护革命同志的情况。

说着说着，夏大姐提起周总理就哭了，邓大姐劝她别难过，她指着湖中的荷花对夏大姐说："之栩，荷花是出淤泥而不染，品格高雅。看看这些美丽的荷花，它常令我郁闷的心胸为之一爽。难过时，我们要尽量保持心胸开阔、乐观，不使自己沮丧。我就不信，再难也难不过大革命失败后我们在上海做秘密工作的时候。那时，我们真是提着脑袋过日子，出了门就不知当天能不能还安全地回去。之栩啊，我们在困难时一定要看到希望看到光明。"听邓大姐这样一讲，夏大姐立即说："大姐，你放心，我一定按照你说的办。"

和夏大姐的相遇引发邓大姐许多回忆，吃完早饭后她又给我讲了一段夏大姐的故事。这天她午休后我进去问她休息得怎样，她回答说没有睡着。我坐在她办公桌前椅子上，看到台历上写了几个字："午睡未成，悲喜交加。"这时，我马上想到邓大姐的悲喜肯定与早上遇到夏大姐有关。不久，夏大姐与我通电话，问邓大姐那天回去还好吗？我告诉她，邓大姐那天中午想起往事没能入睡，夏大姐说："我也同样。"

7月3日上午，邓大姐得到朱德总司令病危的消息，立即带着我赶到医院。到医院后，邓大姐靠近朱老总的床边附身对他说："总司令、总司令，我是小超，来看你啦！"这时，朱老总已经不能说话，但他却闻声睁开眼睛望着邓大姐，我们知道，他听到了邓大姐的呼叫。望着弥留中的朱老总，邓大姐又贴近他说："你放心，我会照顾克清的。"

三天后，朱老总去世了，听到消息，邓大姐立即在第一时间赶去看康克清大姐。两位大姐相见时紧紧拥抱，康大姐哭了，邓大姐的眼睛也湿润了。这一对共同走过长征路又都无子无女的老大姐在半年时间内相继失去了自己最亲密的伴侣，可以想象，她们心中会是多么的悲伤和无助啊！

开完朱老总的追悼会，康大姐专程来到西花厅向邓大姐当面表示谢意。那年的7月天气特别闷热，没有人能想到这正是一场地动山摇的自然灾害发生前的征兆。

7月28日夜里3点多钟，正在熟睡中的我忽然被强烈的摇动惊醒，窗台上的花瓶掉在地上发出刺耳的声音。地震了！我朦朦胧胧抱起女儿就往外跑，边跑边对女儿说："你站在院子里不要动，我去叫奶奶。"说着我放下女儿就跑向邓大姐的屋里。正好，我到邓大姐的卧室时护士也到了，我们就想扶她下床到院子里去，可邓大姐说不要紧。"不行，"我有点急了，"外面还在震哪。"我说："不要再说什么了，这时您得听我们的。"邓大姐看我如此严厉只得无奈地服从。但此时确实没地方可去，我们只能把邓大姐暂时安顿在汽车上，等天亮了再想办法。

天亮了，组织上派人在外院架起了帐篷，我们就白天进屋，晚上在外边休息。这时我们从广播里得知是唐山市发生了7.8级大地震，这座百万人口的城市已被夷为平地。地震预报还在频频发出，北京城所有的空地上都搭满了防震棚，上至国家领导人，下至普通百姓，几乎无一例外地搬进了各式各样的防震棚里。

两天后，组织上又安排我们暂时搬到东交民巷15号院的西小楼住，这个院子里也支起很多帐篷。为了更安全，我们又在邓大姐的床上搭起一层木棚。蔡大姐也搬到东交民巷了，她住22号，离我们的住处不远。有一天，邓大姐去看蔡大姐，两人见面时都相互讲起地震那天的情况，还对我们说："我们不怕，你们夜里不要费心。""那怎么行？"在场的同志摇头，"你们如果出了事，我们无法向组织上交待。"我们几个人你一言我一语地劝说两位老人："这时候你应当听我的安排。"最后，邓大姐笑着说："看样子，我们只好听你们的喽！"

我们住在东交民巷不久，有一天，我在路上碰见原总理办公室的秘书陈浩，她家就住在附近。听说我们暂时住到这边来了，陈浩就表示她想见见邓大姐。我回去把这事儿向邓大姐报告，她说："可以见一见嘛。什么时间见，过几天再说。"

几天后，邓大姐对我说："你通知陈浩、李晨夫妇，请他们晚上8

▲阳光下的笑颜

第六章 ■ 西花厅岁月

▲ 周恩来总理生前曾希望在樱花盛开时节重访日本，但最终因病未能成行。1979年邓颖超担任全国人大常委会副委员长后率团访问日本，樱花树下她思绪万千轻轻呼唤着丈夫周恩来的名字

点在台基厂路口等着。"晚上，我们的车开到台基厂停下，车门开了，邓大姐向站在路边的陈浩夫妇招招手，请他们立即上车。邓大姐事先已经向司机交代好，让车从台基厂上长安街往西走到木樨地再返回来，这样一路上大约得走40分钟，我们就利用这点时间和陈浩、李晨见面。十几年未见邓大姐了，陈浩和李晨同志都很激动。邓大姐对他们说："我也很想念你们的，也很想见见你们，只是怕见了会连累你们，所以我们现在不得不在车上见面谈话，又好像当年在重庆似的。"听了这话，陈浩一惊。当年在重庆做地下工作，为了避开特务盯梢她们时

常在约定的时间坐在汽车里谈话，难道20世纪70年代的形势又复杂到如当年般严峻？不知不觉中，汽车已从木樨地开回正义路口，车停下来。邓大姐说："你们该下车了，时间不短了，要说的话太多了，以后有机会再约你们，希望你们也要多多保重。"陈浩和李晨下车后，邓大姐坐在车里一直向他们招手，几天后她还不断同我提起这次见面的场景。

9月9日，又一个震惊全国的消息传来，零时10分毛泽东主席逝世了。那天早上6点我接到周家鼎同志的电话，等邓大姐起床后马上向她报告了毛主席去世的消息。当时，邓大姐一惊，马上问："谁来的电话，消息可靠吗？"我回答："是周家鼎同志来电话讲的，消息绝对可靠。"沉思了片刻，邓大姐难过地说："等正式消息吧！"

上班后不久，我就接到了正式消息，便再次报告给邓大姐。邓大姐伤感地说："这一年真不平静啊，恩来、朱老总、毛主席相继去世，对我们党、国家、人民是极大的损失。"9月11日上午，邓大姐去人民大会堂瞻仰毛主席遗容，下午6时安排她和其他几位中央领导同志一起为毛主席守灵，邓大姐身体很不好，但还是坚持站在灵堂前一动不动。

9月18日下午3时，首都百万群众在天安门广场为毛泽东主席举行隆重的追悼大会。邓大姐要上天安门城楼。当时，天安门戒备森严，除了首长外，陪同人员一律不许上去，有些老同志岁数大了，就由保卫同志扶上去。当我陪着邓大姐走到台阶旁时，邓大姐说了一句："我们要遵守纪律。"我本想将邓大姐交给保卫同志扶上去，没想到他们说你陪着上去吧，一会再下来。到了城楼上，我为邓大姐找好位置，她后面站的正好是陈慕华。这时，旁边的几位中央领导都说你不用走了，就站在中间陪大姐好啦。我看邓大姐没反对，就低下头站在了邓大姐和陈慕华中间。追悼会结束时，我扶着邓大姐往下走，从她和一些老同志的表情中，我感觉到了他们对形势的忧虑。

　　10月6日，李先念同志来看邓颖超，告诉她凌晨用召集开会的办法将"四人帮"全抓起来了。听到这个特大喜讯，邓大姐又立即去看蔡大姐、康大姐和在医院住院的刘伯承元帅，跟他们一起分享胜利的喜讯。10月24日下午，邓大姐出席了庆祝粉碎"四人帮"的群众大会，从那以后，她开始了自己生命中的另一个转折点。

▲赵炜悄悄拍下这张邓颖超大姐办公的照片

# "当总理的夫人其实很难"

一位伟人的身影太高大了，自然就会遮挡住与他互为伴侣的另一位杰出人物的光辉。对于周恩来和邓颖超夫妇来说，就属于这种情况。

中共"九大"后，毛泽东的夫人江青、林彪的夫人叶群都成为中央政治局委员，其实，论资历、论能力、论贡献、论威望，身为周恩来夫人的邓大姐哪一点都不在她们之下，以她的才干和资历，担任党和国家的高职本来应该是顺理成章。但是，在周恩来生前的岁月里，邓颖超一直都保持着低调，除了在全国妇联担任一些领导工作，她几乎没出任过任何国家要职。为了支持周恩来的工作，邓颖超在解放后的几十年里做了很多物质上和职务上的牺牲。

我在邓大姐身边几十年，对她的性格和能力都十分熟悉。邓大姐是那种不追求名利地位的共产党人，尤其是同周总理共同生活的几十年中，常常为了大局牺牲自己的个人利益。

1976年12月，邓大姐当选为全国人大常委会副委员长，整天处于文件多、开会多、外宾多的"三多"状态。但此时的她，似乎全身的能量都被调动起来，常常工作起来就忘了休息。看到邓大姐如此高龄还能这样精力充沛地工作，我常常想，以邓大姐这样的资历和经验，解放后这么多年都没有担任国家的高职，这对国家来说是否也算一种损失呢？

后来我听说，早在1975年周总理在世时党中央和毛主席就批示过让她担任全国人大常委会副委员长，可周总理不同意，就把这事儿给压了下来。我不知道这话是否当真，有一次就同邓大姐说起来。邓大姐可能早就知道这件事，她听后平静地说："恩来这样做，我很理

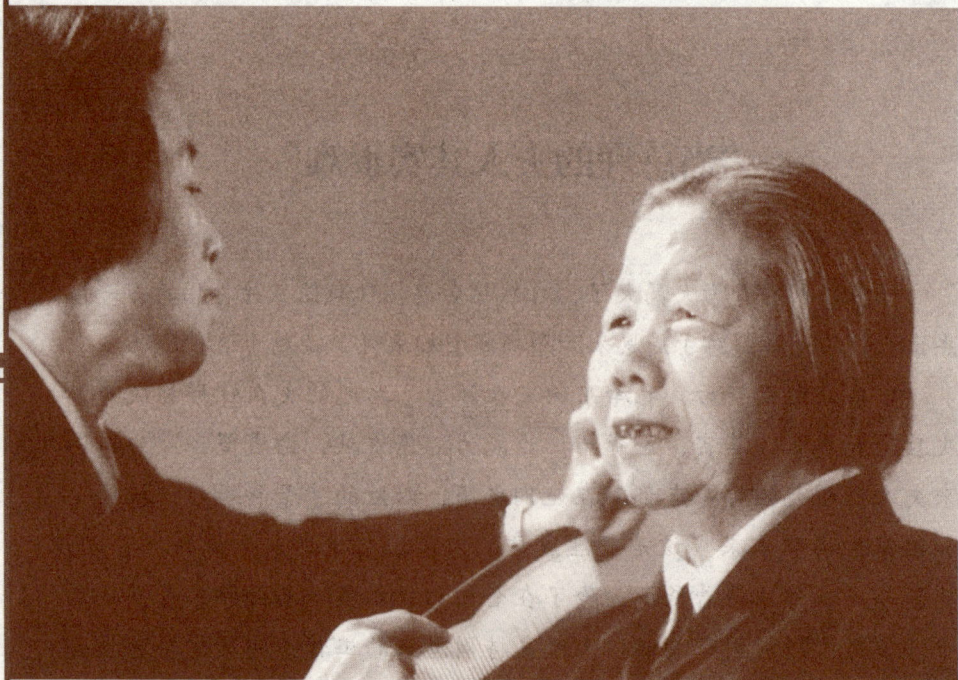

▲邓颖超大姐当选为全国人大常委会副委员长后要去拍标准照，赵炜精心为她整理发型

解，那时不让我上是对的。如果恩来在的话，他一定不会让我担任副委员长的。"确实，作为国务院总理周恩来的妻子，如果邓大姐那时就出任全国人大常委会副委员长，可能也很难处理各方面的关系。想来周总理当时也是有很多考虑，才不同意邓大姐出任高职的。

"当总理的夫人其实很难。"那次我和邓大姐聊天，她深有感触地对我说。邓大姐还告诉我，周总理同她有个君子协议：两个人不能在同一个部门工作。因为这个协议，解放初期，很多人要求邓大姐出任政务院政务委员职务，周总理就没让她上。不仅如此，在很多场合，周总理也尽量"压低"邓大姐，使她在物质上和职务上做出了很大的牺牲。邓大姐回忆说："定工资时，蔡大姐定为三级，我按部级也该定五级，可报到他那里给划为六级；国庆10周年定上天安门的名单，他

▲ 邓颖超大姐在吴哥窟前留影

看到有我的名字又给划掉了；恢复全国妇联时，他也不同意我上。就是因为我是他的妻子，他一直压低我。"

邓大姐对自己的能力很自信，她很坦率地认为她的工作是党分配的，不是因为周恩来的关系人家才要选她的。但是，对于周总理生前的种种考虑，邓大姐也能十分理解，从性格上说她也不是那类看重名誉地位的人。"遇事我是非常谨慎的，这你可能有感觉的。"邓大姐笑着说，"我做了名人之妻，有时也要有点委屈嘛。"

作为共和国总理的妻子，邓大姐的委屈其实并不少，比如，她陪周总理去外地工作，因为没有个人的工作安排，她便自己交房费，连服务员的费用都自己付。邓大姐也不像其他一些国家领导人的夫人经常出现在交际场合，她很少陪周总理外出，就是有时因公陪同出去也要

▲在法国周恩来留学
住过的房间里，邓
颖超大姐拉着赵炜
说："你也坐坐当
年恩来睡过的床。"

向组织写报告，经过批准才去。多少年来，邓大姐处处谨慎，总是尽量避免给周总理的工作带来麻烦。

在西花厅，邓大姐将自己的位置摆得恰如其分，凡是周总理的"三保"（保工作、保健康、保安全）工作需要邓大姐做的事，邓大姐都是以家属和党员的身份配合做好；如果确实需要我们做什么事，她也总是用民主的态度和商量的口气提出要求。

一般的人认为，凡是周总理知道的事，邓大姐也一定会知道，其实不然。周总理去世后，有一次一位同志和邓大姐说话时提到一件事，邓大姐听后一脸狐疑。那人惊奇地说："怎么？邓大姐你不知道呀？"邓大姐说："你们别以为恩来知道的事我全知道，没有那么回事。"

从生活上，邓大姐对周总理的照顾比较多一些。为了不让周总理分心，身为总理妻子的邓大姐有一个重要任务就是处理好亲属间的事。周总理的亲属比较多，邓大姐主动承担起照顾周家亲属的任务。从建国以后，周总理和邓大姐就开始用工资的结余部分资助周家亲属的生活并接济他们来北京治病，直到周总理去世后多年，邓大姐还一直管着他们。在接济周家亲属这个问题上，邓大姐从不让周总理操心，总是慷慨解囊。邓大姐说，这是为国家减轻负担，要是不安排好这些人的生活，也会给周总理带来不好的影响。因此，作为总理夫人，这也是她要尽到的责任。

担任全国人大常委会副委员长后，邓大姐摆脱了"总理夫人"的束缚，她尽自己的所能努力工作，在四年的任期里干得相当出色。

▲来到法国周恩来住过的房间

# 邓大姐称我是"八大员"

自从邓颖超担任了全国人大常委会副委员长之后，赵炜的工作也变得多起来，她不但要做好秘书的本职工作，还要全面负责邓颖超的衣食住行，晚上还要陪她说一会儿话。从周总理去世到邓颖超去世间的16年里，每年除夕，赵炜都陪着邓颖超一起度过。

西花厅的工作人员减少了，我的任务却重了起来。出任全国人大常委会副委员长的邓大姐要经常开会、接见外宾和出国访问，大多数时间我都要陪着她。那时，邓大姐身边只留了秘书、服务员、司机和厨师四个人，医生、护士是有事来，办完事就走，所以督促邓大姐吃

◀ 在当年周恩来夫妇和陈毅夫妇合影的地方，邓颖超感慨地说："四个人中走了三个，咱俩也在这里坐坐。"

▲ 不离邓颖超大姐左右

药的任务也落在了我肩上。

那几年，我经常在上午陪着邓大姐出去开会，中午乘她休息时清理文件，以备下午和晚上读给邓大姐听，邓大姐的习惯是吃完晚饭要看新闻，8点钟左右就要再读一会儿文件，大约到11点左右我才能从她那里出来。

自从担任全国人大常委会副委员长以后，邓大姐肩上的担子不断增多：中央政治局委员、中纪委第二书记、中央对台工作领导小组组长，直到担任全国政协主席，在她身边始终只有我一个秘书。那阵子，我也不知道自己是怎么顶下来的，每天清晨起来就整理文件，中午休息有点时间也整理文件，晚上11点后回到自己的房间里还是整理文件，只要邓大姐不叫我，我仿佛就扎在文件堆里了。记得有一次，

327

▲"围上点，别吹着风。"这一瞬间被意大利记者洛迪的镜头捕捉到，三年后他从遥远的意大利捎来了这张照片

邓大姐问我女儿："你妈跟谁亲？你吧？"我女儿回答："我妈就跟文件亲。她一起床就进办公室弄文件，晚上回去也弄文件。"女儿的话说得很确切，可整理文件是秘书的工作，我不干怎么行呢。何况邓大姐要求很严，我必须认真做好自己的本职工作。

其实，除了秘书工作，我算得上是邓大姐的"总管"，无论衣食住行，她的事我哪一样都得记在心里，所以邓大姐就称我为"八大员"。在邓大姐身边当"八大员"印象最深的事是每年都要拿出周总理用过的骨灰盒擦擦晒晒。记得有一次邓大姐一看到我晒骨灰盒就说，这个骨灰盒恩来用完了我用，我死后用完了你们以后谁还可以继续用它。"那谁还敢用呀！" 我说，"您两位用过的骨灰盒，我们谁也没资格使用的，那将要成为文物保存下来。"

"有什么保留的价值？" 邓大姐马上说。

我说，那可由不得您了，也由不得我们。邓大姐没再说话。

在我当"八大员"期间，还有一件事印象很深，那就是给邓大姐做衣服。那时因为经常要陪邓大姐出国，我忙里偷闲做了几件衣服。有一次，我取回一件新做的衣服让邓大姐看，邓大姐一下就喜欢上了那衣服的花色，马上叫我给她也做一件。"那怎么行，大姐，您不能和我穿一样的呀。" 我叫了起来。邓大姐说一样有什么不好，催着我赶快去给她做。没办法，我只好也给邓大姐做了件一模一样的衣服。

"大姐，咱俩这衣服可别同时穿。" 衣服取回来后我对她说。

"同时穿又怎么啦？" 邓大姐还是那样不以为然。

后来，有一次我陪邓大姐去上海，出门时穿了那件衣服，谁料邓

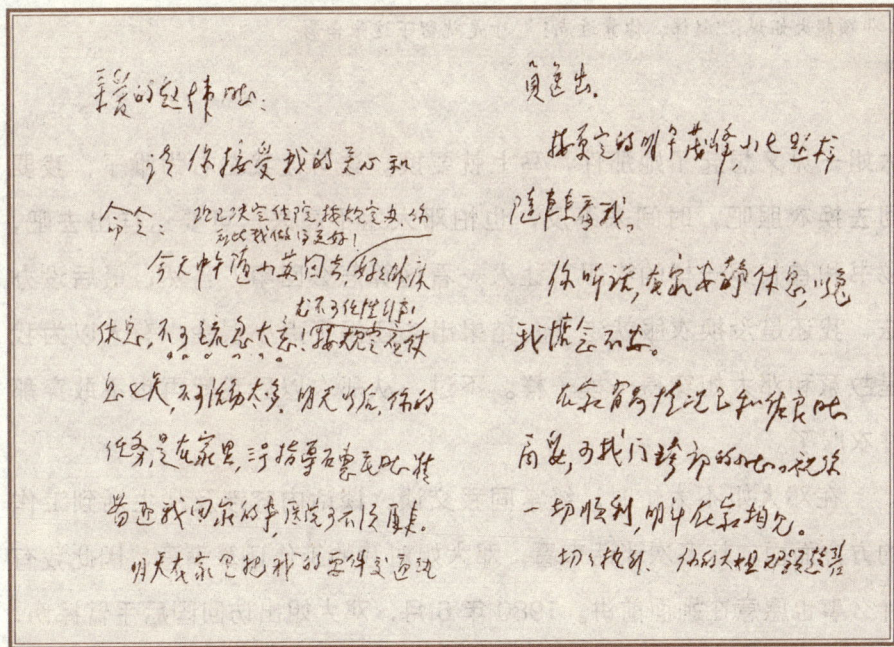

▲ 邓颖超给赵炜的信

329

▲邓颖超大姐说："赵炜，你靠近点！"于是就留下这张合影

大姐一见又想起了她那件，马上就要换。这可让我左右为难了，我要回去换衣服吧，时间来不及，也怕邓大姐不高兴；可要这样出去吧，秘书和首长穿一样的衣服，让人一看这算怎么回事？当然，最后没办法，我还是没换衣服就走了，结果出去还闹了点小误会：有人以为我是故意和邓大姐穿得一模一样。不过，从那次以后我就再也不敢穿那件衣服了。

在邓大姐不太忙时，经常同我交谈，谈话内容涉及从生活到工作的方方面面。从多次谈话来看，邓大姐对我的工作还算满意，因此我有什么事也愿意在她面前讲。1980年6月，邓大姐出访回国后手臂摔伤，一直住在北京医院，两个多月后，医生让她逐步锻炼，她就开始练字。

▶ 赵炜陪同邓颖超大姐出访途中

　　9月3日，邓大姐写了一首打油诗给我："里里外外一把手，工作生活大小粗细全都管，秘书战友胜亲生，赵炜真是好样的，不负恩来握手托。父亲、丈夫、儿女都不管，一心陪我住医院。"邓大姐的这首打油诗是对我十几年在她身边做"八大员"的最高评价，我也一直仔细珍藏着这张她亲笔书写的字条（见下图）。

　　里里外外一把手，工作生活大小粗细
　　全都管，秘书战友胜亲生，赵炜真
　　是好样的，不负恩来握手托。父亲丈夫
　　儿女都不管，一心陪我住医院。

　　　　　　　　　　邓颖超仿韵手书
　　　　　　　　　　1980.9.3.北京医院病房。

# 邓大姐对我父亲说：我占有了你的女儿

邓颖超年纪毕竟大了。晚年的她，无论于工作和生活中都已经无法适应没有赵炜的日子，就连赵炜生病邓颖超也要她留在西花厅休养。一年四季，赵炜在邓颖超身边的时间远远超过了和自己家人团聚的时光，所幸她的家庭一直就融于西花厅的生活之中，因此邓颖超也就和这个普通人家结下了非同寻常的友情。

周总理在世时，因为我和赵茂峰都在西花厅工作，所以邓大姐对我们一家人都很熟悉，她把我的女儿当成亲孙女，和我的儿子也常常见面交谈。等到周总理去世后，我怕邓大姐孤独，自己从不回家住，除了工作时间，平时也常常陪着她。渐渐地，家对我成了一个概念名词，虽然老父亲还健在，但我只能在星期天或节假日无事时回去看看吃一顿饭就回来。很多朋友知道我的工作性质特殊，平常也不来找我了，那阵子我几乎和所有的朋友来往都很少。

后来，因为邓大姐随时都会找我，而我家里又没有电话，所以只要我离开西花厅，无论公事私事都得向她请假，还得说明要去哪儿几点回来，否则邓大姐不放心。有一次，我陪邓大姐出去见外宾回来已经6点了，我想大姐一定要先休息一下，7点钟她就吃晚饭，这时间肯定不会有什么事。恰好那天食堂也开过饭了，我想干脆不麻烦人了，回家吃一口算了。我家当时住得离中南海很近，骑车几分钟就到，我和值班的同志打个招呼就走了。谁知我刚走不久，邓大姐就找我，听说我回家了，她就问："她们家有什么事吗？她怎么没告诉我呢。"

那天我吃饭回来，值班的同志告诉我邓大姐有点不高兴了，还批

▲ 邓颖超与赵炜一家在西花厅

第六章 ■ 西花厅岁月

▲赵炜的儿子赵珂结婚了，邓颖超大姐十分高兴，照相时一定要新娘子王建（右三）站到自己身边

评值班的只管她，不管别人。听他们这么一说，我赶快往客厅跑，见邓大姐正在吃饭，这时才踏实下来。邓大姐吃完饭马上问我："你们家有急事吗？"我说没有，就是回去吃顿饭，也没向您请假，以后我注意好了。其实见到我，邓大姐的气就消了，但自那以后，我也更谨慎了，凡要出去无论大小事儿都向她请假，因为我知道她一找我就是急茬儿的。再到后来，有时午休时邓大姐也要找我，还总不忘让值班同志说上一声"请"。虽然她总是说"如果赵炜休息就别叫了"，但值班同志哪次也得叫我，因为我同他们说过，别管我休息不休息，只要大姐叫，你们就通知我。

1981年，邓大姐因为胆囊手术住院了，我当时因为担心，竟发生子宫大出血。医院坚持不让我等邓大姐出院后再住院，这样，我就和邓大姐同时住进了同一所医院。邓大姐是1982年1月6日出院的，可我因为刚刚手术，直到春节还住在医院里。当时，因为我父亲年纪也大了，邓大姐就同我们全家商量，说我动手术的事无论如何不能告诉他，否则他年都过不好。那年，我们一直用"西花厅有事"、"加班"这样的话瞒着我父亲，好在他平时就知道邓大姐需要我，也没在意。可是邓大姐已经出院了呀，难道孩子再忙春节也不能回来看一眼？我父亲心里疑疑惑惑，那年我们全家没能吃上团圆饭。

春节过后，我出院了。邓大姐让我先住到西花厅，等身体恢复了再告诉我父亲。3月初，我的身体好点了，邓大姐就说请我爸爸到西花厅做客，她要亲自告诉我父亲为什么我几个月没回家。那天，我父亲听说邓大姐请他去西花厅高兴极了，紧张得一时不知说什么。到了西花厅，父亲先见到我。从女儿透露的"毛毛雨"里，他已经知道我生了一场病，见我已经恢复就放心了。我告诉父亲见到邓大姐不用紧张，想说什么就说什么，然后就带着他去客厅。

邓大姐正在客厅门口等着我父亲，一见面，她就握着我父亲的手说：你老人家好。父亲忙说：您比我大一岁，您是老大姐了。邓大姐让父亲坐下和他聊起来，她说："你的女儿不能为你做什么，我没有女儿，可占有了你的女儿啦。"她还告诉我父亲："你女儿生病住院做手术是我不让告诉你老人家的，怕你过不好年。这事不怨他们，要怪就怪我好了。"我父亲哪还敢怨呀，他一个劲地谢邓大姐，又说自己身体很好一切能自理，"您占有她是应该的"。听着父亲和邓大姐的对话，我的眼眶湿润了。对于父亲，我也有很深的感情，尤其是我母亲去世后，他一直替我带孩子管家，付出了很多辛苦，但我却无法更多地在他身边尽孝，因为在实际意义上，我不但必须当好邓大姐的秘书，还要做好她的女儿。

邓大姐其实很善解人意，茂峰调出西花厅后，她对他说：你是西花厅的家属，随时都可以回来。那些年，有时我陪邓大姐出去，无论出国还是到外地，茂峰就留在西花厅接电话、收发文件，成了西花厅的特别编外秘书，邓大姐高兴地称他是"我的志愿兵"。

其实，邓大姐不仅仅对我家，就是对那些在西花厅工作过的同事也都很关心。周总理去世后，邓大姐就对那些调离的同志说，你们虽然走了，但以后还可以经常来西花厅，我欢迎你们。后来，邓大姐工作忙了，她就让我告诉大家以后来时要打个电话，但在心里，她还一直惦记着那些同志。1988年，邓大姐卸去了全国政协主席的职务，在中秋节前夕，她同我商量说，想把工作人员的家属，主要是丈夫或妻子都请过来团聚团聚。邓大姐说："我以前忙，没有时间，那时是心有余而力不足。现在退下来有时间了，身体还行，应该请他们来做客。"听邓大姐这样一说，我十分赞成，就高兴地通知大家了。

中秋节那天，邓大姐吩咐将客厅里平时根本不开的灯都点着，她说这是对客人的欢迎。

晚上7点半，所有的工作人员都带着自己的伴侣来了，邓大姐高兴地同大家握手打招呼，还让我拿出事先备好的相机一家一家地同她合影。那天一共来了十五六对夫妇，大家都是拥戴着邓大姐坐在中间

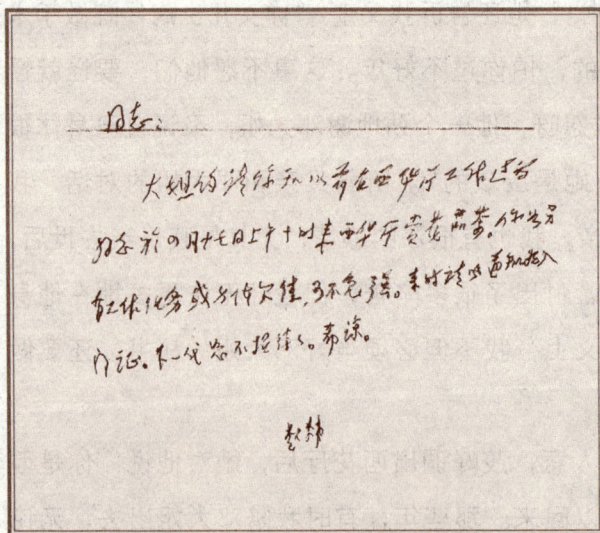

◀ 晚年的邓颖超大姐依旧心细，这是她替赵炜拟好的一份通知

▲ 邓颖超在书房

　　留下了幸福的纪念。之后，邓大姐请大家吃东西、喝茶，又诚挚地感谢大家的服务，她说在西花厅生活了 40 多年，过去同志们一年四季和恩来一样忙，恩来和我没有机会同大家一起过节，我们也难得一起过中秋节，在这个节日里，她祝大家节日快乐，工作顺利，家庭幸福。作为节日的礼物，那天邓大姐送了两句话与大家共勉，一句是曾子的"吾日三省吾身"，另一句是孟子的"我善养吾浩然之气"。这两句话是她头一天晚上让赵茂峰替她查出来的，她还让茂峰代为向大家解释了这两句话的含义。

　　这个中秋节，邓大姐过得很高兴，她真正享受到了来自西花厅大家庭的快乐。

# 邓大姐的遗嘱

　　因为没有直系亲属，邓颖超很早就于平时的言行中向赵炜交代她的身后事，从火化、撒骨灰一直到用什么骨灰盒，穿哪件衣服等等，几乎是面面俱到。但是，邓颖超肯定也认识到以自己的身份有些事情可能是以赵炜之力无法做到的，因此，她几度留下文字，对自己的后事做了详尽表述。对于邓颖超这种坦荡于生死间的豁达，有些人不能理解，以致在她身后曾有人直截了当地问赵炜：邓大姐的遗嘱是不是你写的？其实，从赵炜心里也不愿意邓颖超这样一位革命老人走后诸事都办得如此简单，但她毕竟跟随了邓颖超多年，完全能理解老人的一番心意。

▼邓颖超大姐每天都离不开《参考消息（大字版）》

自从周总理去世后，邓大姐开始考虑自己的身后问题。1978 年 7 月 1 日，一大早，邓大姐就让我为她准备纸和笔，说要写点东西。邓大姐要写什么，我事先一点儿没听她说过，心里还有些纳闷。邓大姐可能从我的表情上看出疑惑，就说："等会儿我写出来你就知道了。今天为了庆祝党的生日，我要给党中央写一封信，就是对自己后事的安排。"

这天，邓大姐写完了她的遗嘱初稿，主要讲了五点问题。几年后，在 1982 年 6 月 17 日，邓大姐又把这份遗嘱拿出来细看，然后认真地重抄了一遍，同时根据当时的情况又补充了两点。

这份遗嘱曾于她去世后在报纸上公布，全文是这样写的：

中共中央：

我是 1924 年在天津成立共青团的第一批团员。1925 年 3 月天津市党委决定我转党，成为中共正式党员。

人总是要死的。对于我死后的处理，恳切要求党中央批准我以下的要求：

遗体解剖后火化。

骨灰不保留，撒掉，这是在 1956 年决定实行火葬后，我和周恩来同志约定的。

不搞遗体告别。

不开追悼会。

公布我的这些要求，作为我已逝世的消息。因为我认为共产党员为人民服务是无限的，所做的工作和职务也都是党和人民决定的。

以上是 1978.7.1 写的，此次重抄再增加以下两点：

我所住的房舍，原同周恩来共住的，是全民所有，应交公使用，万勿搞什么故居和纪念等。这是我和周恩来同志生前就反对的。

对周恩来同志的亲属，侄儿女辈，要求党组织和有关单位的领导中共中央：

　　我是1924年在天津成立共青团的第一批团员。1925年3月天津市党委决定我转党，成为中共正式党员。

　　人总是要死的。对于我死后的处理，恳切要求党中央批准我以下的要求。

　1.遗体解剖后火化，

　2.骨灰不保留撒掉，这是在1956年决定实行火葬后，我和周恩来同互约定的。

　3.不扦遗体告别，

　4.不开追悼会

　5.公布我的这些要求作为我已逝世的消息，以上是1978.7.1写的。此次重抄再增加因为我认为共产党员为人民服务是无限的，所作的工作和职务也都是党和人民决定的

2.

以下两点：

1. 我所住的房舍原同周恩来共住的，是全民所有，应交公使用，万勿搞什么故居和纪念等。这是我和周恩来同志生前就反对的。

2. 对周恩来同志的亲属，侄子女辈，要求党组织和有关单位的领导和同志们，勿以周恩来同志的关系，或以对周恩来同志的亲故，而不去依据组织系别和组织纪律给予照顾安排。这是周恩来同志生前一贯执行的。我也是坚决支持的。此点对端正党风，是非常必要的。我唯一的亲戚，也一的一个远房侄子，他很幸运，从未以我的关系提任何要求和更职。以上两点，请一律予以公佈。

邓颖超 1982.6.17.重写.

▲ 邓颖超的第一份遗嘱

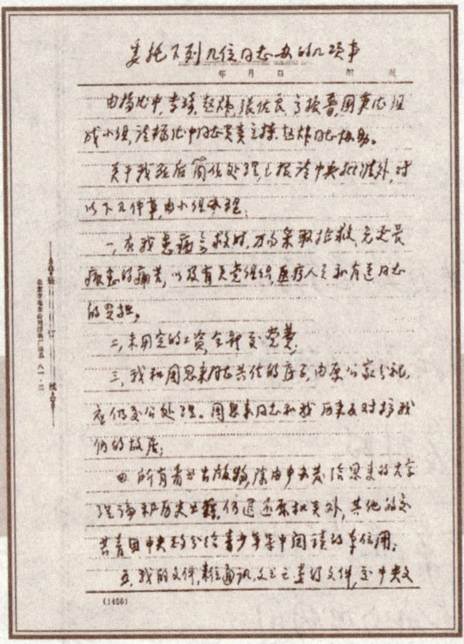

和同志们，勿因周恩来同志的关系，或对周恩来同志的感情出发，而不去依据组织原则和组织纪律给予照顾安排。这是周恩来同志生前一贯执行的。我也坚决支持的。此点对端正党风，是非常必要的。我无任何亲戚，唯一的一个远房侄子，他很本分，从未以我的关系提任何要求和照顾。以上两点，请一并予以公布。

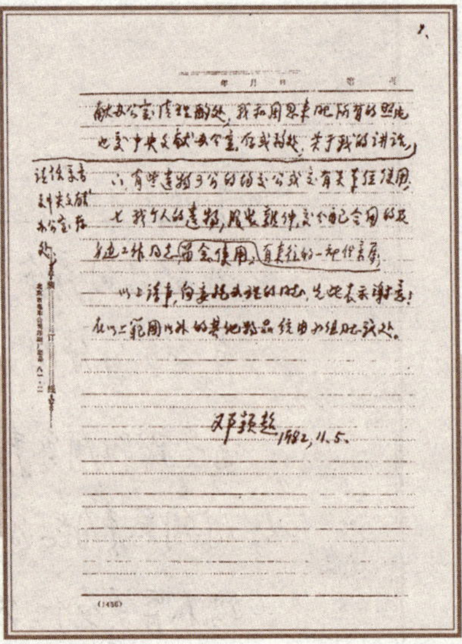

邓颖超

1982.6.17 重写

知道邓大姐写遗嘱后，我心情十分难受，曾劝她说："您写那么早干什么？现在还不到时候。"她说："等我不能写的时候已经晚了，趁我现在身体好，头脑还清楚，还能动笔的时候写出来好。这是为组织上好办。我活着的时候，有时有些事你替我背，我死了不能再让你为我背。"自从写完遗嘱，邓大姐就好像了却了一桩心事，可她还总时不时嘱咐我："我死后，把我给党中央的信公布了。只是让大家知道我已不在了，就可以啦。"

342

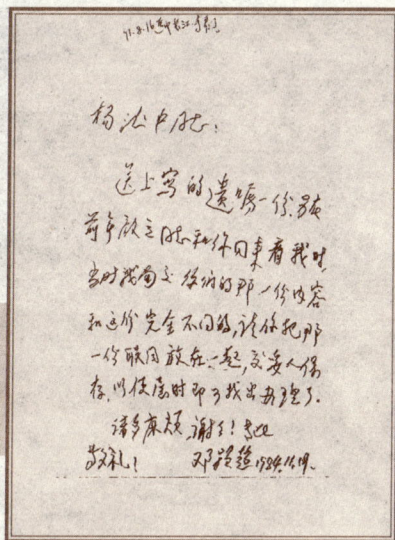

▶ 邓颖超的第二份遗嘱

1982 年，邓大姐的身体一直不太好，因此在立下了第一份可供公布的遗嘱之后，她又写下一封交办自己身后具体事宜的字条，把如何处理她的遗物等事都委托给中央办公厅副主任杨德中、中央文献研究室主任李琦、保健医生张佐良、警卫秘书高振普、周总理的侄女周秉德和我六个人。对于这份有关身后事宜的具体嘱托，我们把它称为邓大姐的第二份遗嘱。这份"遗嘱"没有很正式的行文，全文是这样的：

委托下列几位同志办的几项事：

由杨德中、李琦、赵炜、张佐良、高振普、周秉德组成小组，请杨德中同志负责主持，赵炜同志协助。

关于我死后简化处理，已报请中央批准外，对以下几件事，由小组办理：

在我患病无救时，万勿采取抢救，以免延长病患的痛苦，以及有关党组织、医疗人员和有关同志的负担；

未用完的工资，全部交党费；

343

▲ 赵炜夫妇与邓颖超大姐

　　我和周恩来同志共住的房子，由原公家分配，应仍交公处理。周恩来同志和我历来反对搞我们的故居；

　　所有图书出版物，除由中办发给恩来的大字理论和历史书籍，仍退还原机关外，其他的交共青团中央酌分给青少年集中阅读的单位用；

　　我的文件，来往通讯，文书之类的文件，交中央文献办公（研究）室清理酌处；我和周恩来同志所有的照片也交中央文献办公（研究）室存处；

　　有些遗物可（交）公的均交公或交有关单位使用；

　　我个人的遗物、服装、杂件，交给分配合用的及身边工作同志、有来往的一部分亲属，留念使用；

　　以上诸事，向委托办理的同志，先此表示谢意！在以上范围以外的其他物品统由小组同志议处。

邓颖超

1982.11.5

在这份遗嘱里，邓大姐安排得很细致，连文件、照片、图书，甚至衣服怎样处理都想到了。10年后邓大姐去世，我们正是按照她的遗嘱对所有的遗物做了分配。

作为一个唯物主义者，邓大姐的心胸一直很宽阔，对死也一直表现出豁达的态度，把生死问题看得很透。邓大姐晚年在谈话时常常说起生死这样的话题，她说："一个人的生老病死是人之常情，谁也避免不了，逃不掉的。""怎样对待死，怎样对待生，每个人都有自己的生死观。生时什么也没有，死了两眼一闭，心脏停止跳动，什么也不知道了，什么也带不走的。"有一次，邓大姐又同我提起这个话题，她说："一个人死后大办丧事是劳民伤财的事，我也反对在家搞吊唁，我无儿无女搞这些是给你们和组织上添麻烦。"说到这儿，邓大姐半开玩笑地对我说："赵炜你做点好事，我死后千万千万别搞吊唁。"

20世纪80年代末期，社会上对于安乐死的问题争执很大，邓大姐知道后就旗帜鲜明地表示支持安乐死。

那是1988年1月间，邓大姐从她最爱听的中央人民广播电台"午

▼邓颖超大姐要听赵炜唱歌

间半小时"节目中听到北京首都医院的一位大夫谈论安乐死。那天，她不但一字不漏地认真听完了节目，而且还给中央人民广播电台"午间半小时"的同志们写了一封信：

　　今天你们勇敢的播出关于安乐死的问题并希望展开讨论，我非常赞成。首都医院那位大夫的意见，我很拥护。我认为安乐死这个问题，是唯物主义者的观点。我在几年前，已经留下遗嘱，当我的生命要结束，用不着人工和药物延长寿命的时候，千万不要用抢救的办法。

　　这作为一个听众参加你们讨论的一点意见。

邓颖超

1988 年 1 月 22 日

　　后来"午间半小时"节目把邓大姐的信播了出去，许多人都为她赞成安乐死的坦诚态度所感动。邓大姐不但赞成安乐死，而且还曾想过身体力行。

　　有一天，我同邓大姐开玩笑："大姐，您怕死吧！"她马上说："我才不怕死呢！几十年风风雨雨，在什么情况下我都不怕死，能活到今天我是没有想到的，死是自然规律，我这样太浪费人力物力了。"

　　1989 年 10 月 16 日，邓大姐特意让我向当时的国务院总理李鹏同志转达了她的意见："一个共产党员，在死时再作一次革命。当我生命快要结束时，千万不要用药物来抢救，那是浪费人力物力的事，请组织批准，给予安乐死。"听了邓大姐的请求，李鹏回来后即给江泽民同志和政治局常委们写了一封信，报告了详细情况。后来，江泽民同志批示说："邓大姐的这种彻底的唯物主义精神和高度的共产主义觉悟可敬可佩，值得我们学习。此件请常委同志阅后请办公厅妥为保存，今后邓大姐百年之后坚决按她意见办。"

1991 年 7 月，邓大姐最后一次入院后经常高烧不退。一次，她持续昏迷了 12 天，清醒后，她可能感到自己病情很重，就又一次提出安乐死的事。当时我们大家安慰她，您的头脑清醒，而且还可以治疗，谁也不能批准您安乐死，也没有必要。邓大姐最后病危的时间很短，只有一天一夜，而且是自然睡过去的，可以说这对于她也是种安乐死吧。

住院期间，邓大姐不止一次地说起她的遗嘱，怕我们不按照她的意愿办。我曾对她表示："请您放心，您有信给党中央，也有给我们承办具体事项的同志的信，除此之外，那些口头的嘱托我也不会忘记的，我会尽力照您的原则办的。当然，有些事我不一定能办得了，但凡是我能办的一定照办。"她听我这样一说，高兴地说："那好！我就放心了。"

邓大姐的两份遗嘱十分简短，但它精炼如金。从那一条条简洁而明了的嘱托中，我们看到了一位伟人的胸怀。邓大姐去世后，我不想违背她老人家的嘱托，因此，办理后事时，凡是能办到的事我都是按照她的要求办的，只有这样，我在心里才觉得对得起她老人家。

第六章 ■ 西花厅岁月

◀ 两代人

## 邓大姐与"午间半小时"

"午间半小时"是中央人民广播电台 1987 年开设的一个综合性节目，每天的播出时间是中午 12 点半。这段时间对于邓颖超来说正好是午饭前的小休时间，因此她就成了"午间半小时"的一位热心听众。在邓颖超身边的日子，赵炜亲眼目睹了这个只有半小时的节目给老人家带来的种种喜悦，她自己后来也成了"午间半小时"的忠实听众。

记得自从中央人民广播电台开播了"午间半小时"后，邓大姐就一直坚持收听。开始她只是对这个节目的内容感兴趣，但渐渐地，老人家变成了这个节目的一个积极参与者。

1987 年 5 月的一天，邓大姐在节目中听到了一篇通讯，通讯的主人公是原郑州工学院党委副书记王华冰同志。这天的广播令邓大姐兴奋了好久，原来，她和王华冰同志早就认识，当年中共南方局时，她曾和身为地下党员的王华冰单线联系过长达 9 年的时间。解放后，邓大姐和王华冰失去了联系，但只要有机会，她就向熟人打听这位老战友的情况。邓大姐回忆说："王华冰同志是一位很忠厚、老实的党员，解放后，她知道我忙，不给我找麻烦，但我始终是想着她的。"

那次听到王华冰的消息后，邓大姐马上给"午间半小时"写了一封信，她想知道王华冰的通讯地址。这封信，邓大姐是分两次写完的，前后持续了 10 天。在信的后一部分，她还讲到播出中提及她和周恩来的一件小事："顺便告诉你们一件小事。在不久以前，我听到你们播了周恩来同志提倡夫妻'八互'，我当时听了，觉得不完整，想把事实告诉你们，我又觉得没必要。今天写信，我认为应当将事实告诉你们。……'八互'提出是经过周恩来同志的生活实践再加我看到许多夫妻关系中出现了矛盾与处得好坏的情况（原文如此），我试提出'八互'作为参考，从未以正式文字发表过，恩来同志既不肯定也不否定，是默认的，所以不应是由他提倡的。我并不是争这点提法，而应将事实经过告诉你们，你们知道就可以了，更不需要更正了。"

收到邓大姐的信后，"午间半小时"的同志们把王华冰的一些材料

▶ 午后读报

送到了西花厅。当邓大姐看到王华冰和她的丈夫几次将自己全家几十年积蓄下来的6万多元钱支持教育事业时，非常高兴，她说："王华冰同志不愧为党培养几十年的老党员，多年不见，真想念她。"但是，因为种种原因，邓大姐一直没能同王华冰见面，这成了她晚年生活中的一件小小憾事。

1988年9月15日，邓大姐在节目中听到北京几个中学生成立了自主研究天文的"星俱乐部"后，对孩子们的活动十分感兴趣，第二天，她就让我代笔写了一封信给"午间半小时"，要把自己积存的1000元钱捐给他们。邓大姐还再三叮嘱：要用"无名氏"的名义捐助，千万不要告诉他们谁给的。

后来，"午间半小时"的同志把钱转给了孩子们，还按照邓大姐的嘱咐给她打了收条。又过了几天，孩子们来信了，他们向这位"不知名的长辈"保证："要将这笔钱用到最有利于我们这一代人成长的地方上去，用未来更大的成绩和对国家对人民更大的热爱与贡献来回报您的期望。"当我给邓大姐读"午间半小时"节目组和学生们的回信时，她听得十分认真。之后她对我说："'午间半小时'节目组的全体同志想来看我，我很理解他们，因为我是他们的老听众，也应该同他们每个人认识一下。这得看我的身体情况，以后再说。"说到孩子们的信，邓大姐说："他们说能在取得更大成功的那一天来见我，我希望他们成功，但我不一定能看到，他们的心愿是好的。当然，我也希望看到他们的成功。"

邓大姐资助几个爱好天文少年的事情已经过去了十几年，今天，当我国成功发射了"神舟五号"载人飞船后，回想当年往事，我心中十分感慨：也许，当年受邓大姐捐助的那些孩子中现在有人也在从事着航天事业，邓大姐如果在九泉之下知道中国航天事业的发展，那她也一定会十分欣慰。

▲ 海棠花中蕴含着邓颖超的无限思念

## 晚年病中的邓大姐

作为中国政治舞台上一个杰出的女性革命家，解放前的多年艰苦生活和解放后超负荷的重压，使邓颖超的身体一直不是太好。1976年，周恩来去世之后，这位顽强的老人虽然在表面上保持着平静，但在心底却已经不能适应一次次难以向任何人倾诉的心理压力，终于，到了1988年，这个刚毅的老人病倒了，除了一些器质上的病变，她还患上了轻微的帕金森氏症。对于邓颖超得的这个病，赵炜一直不敢向外界透露，

▲ 形影不离

因为在她的心目中，仿佛这样的经历会影响一个国家领导人的形象。其实，邓颖超也是一个很平凡的人，人们只有了解了她那些平凡的生活，才会对她在革命生涯中的不屈不挠给予更多的理解与尊重。

邓大姐的身体一直不好，解放后进城诊断出有高血压和冠心病，后来还动过手术。到了 1982 年，因为胆结石复发邓大姐又动了一回手术，这时她已经是一位 78 岁高龄的老人。就在这一年，在邓大姐身上出现了帕金森氏病的症状。

1983 年，邓大姐开始担任全国政协第六届委员会主席，她在这个岗位上勤勤勉勉工作了 5 年。那时，邓大姐年事已高，到哪儿我都小心翼翼地扶着，生怕出事。可怕也不行，在建国 35 周年招待会上，就因为一眼没见着，邓大姐就摔了一跤。

那天，邓大姐到了人民大会堂的北京厅后正好遇见经普椿同志，她们两人已经好久没见面了，此时一见就高兴得拥抱起来。这时一位摄影记者想照相，我就主动往边上躲躲，我刚离开，邓大姐就不知怎么摔了一跤，当时把我脸都吓白了，扔下手里的祝酒词和披肩就把她扶了起来。医生、护士都赶过来，在场的中央领导也关心地问邓大姐还能不能讲话，因为此时离大会正式开始只有 10 分钟了。

还好，邓大姐没什么事，她表示不会影响讲话，我才稍稍松了一口气。那天，我把邓大姐送上主席台后一直站在她身后。其实，在这之前，邓大姐就经常出现站立不稳的情况，有时还好像要摔倒，我总是提醒家里的工作人员要注意、别出事，没想到自己陪邓大姐出来就摔了一跤。事后我对邓大姐说，您要真摔个好歹，我也不活了。邓大姐说那不能怨你呀。我说，可这是我的责任呀。出了事我没法向党和人民交代，更对不起周总理对我的嘱托。从那以后，我陪邓大姐出去时就更精心了。在心里，我给自己规定了一个原则：不管邓大姐出现任何情况，我都要耐心细致地把她照顾好，因为我答应过周总理。

1988 年 3 月，邓大姐退了下来，此时她已经 84 岁高龄了。两年以后，邓大姐的身体明显衰弱，那一年因为感冒和肺炎，她先后住过五次医院。到了 1991 年 7 月 27 日，邓大姐又一次住院了，病因还是因为肺炎引起的高烧。邓大姐的情况可能不好，我心里有点紧张，要知道，一个星期前她刚从医院出来，如今又因为同样的病症住院，而且高烧不退，这可不是好兆头。

我悄悄问医院的钱主任："邓大姐这次住院是不是出不去了？"他迟疑了一下坦然说："有可能，做好准备吧。"钱主任的话令我心里一颤，我告诉大家要做好邓大姐长期住院的准备，大家也都明白感情代替不了现实，我们将要面临的是最坏的结局。

住院后的第五天，经中央批准，邓大姐接受了一次手术，以后她的情况略有好转，在江泽民和李鹏来病房看她时还能清楚地同他们讲话。到了8月17日，邓大姐开始出现肾衰，她渐渐陷入昏迷中。我们不得不正视现实，开始研究她的后事。

但邓大姐的生命力十分顽强，经抢救她又脱离了危险。那次，她醒来后我正好回西花厅办事，值班的同志一打电话告诉我这个好消息，我马上就赶回医院。然而没想到，邓大姐见到我时居然不认识了，可对病榻旁的其他同志却能一一叫出名字。我很难过也很奇怪，就问医生是怎么回事。医生说，当病人长时间昏迷后就会出现这种情况——有时越是亲近的人就越不认识。他让我别着急，慢慢情况就会好。虽然邓大姐一时认不出我，但在时不时的迷糊中，她嘴里却总是离不开地喊着我。

果然，一天以后邓大姐认出我了。后来，当同志们告诉她清醒后最后才认出赵秘时，她居然还有点不相信。

病情好转后，邓大姐在院中见到了许多来探望的党和国家领导人，还会见了西哈努克亲王和他的夫人莫尼克公主；她还惦着北京第一实验小学的80周年校庆，给师生们写了一封信表示祝贺。

1992年1月23日，邓大姐在医院里过了自己生命中的最后一个生日——那天她正好88周岁。邓大姐生日那天很热闹，来的人也格外多，除了工作人员和医护人员，温家宝同志也来了，我们瞒着邓大姐，把隔壁房间布置得喜气洋洋。一切都安排好了，我去推邓大姐。我对她说："今天是您的生日，您到隔壁房间去看看。"邓大姐说："你们就爱搞这个，我最不爱过生日了。"

"您不过也得过，这是我们大家的心意。您今年88岁了，日本人叫'米寿'，吉祥呢，是个好日子，您身体会好起来的。"说着，我就用轮椅把她推到隔壁。邓大姐一过去，屋子里就热闹起来，有称"邓大姐"的，有叫"邓妈妈"的，还有喊"邓奶奶"的……这一天，邓大姐在大家的祝贺声中过得很愉快。

1992年的夏天来临了。从6月下旬起，邓大姐的情况就一直不稳定，她的心率加快，胸部憋闷，全身多处器官功能都不好。7月9日中午，我还没吃完饭，邓大姐突然让护士叫我，说有事要和我说。我马上来到她的床前，这时邓大姐拉着我的手清楚地说："赵炜，我同你见最后一面。""大姐，别这样说，你养养神吧，该睡午觉了。"我强忍着泪水劝慰邓大姐。邓大姐当时为什么要同我说那样一句话，也许那次醒来她已经感觉到了自己将要走向生命的终点。但7月9日中午确

▼ 最后的吻别

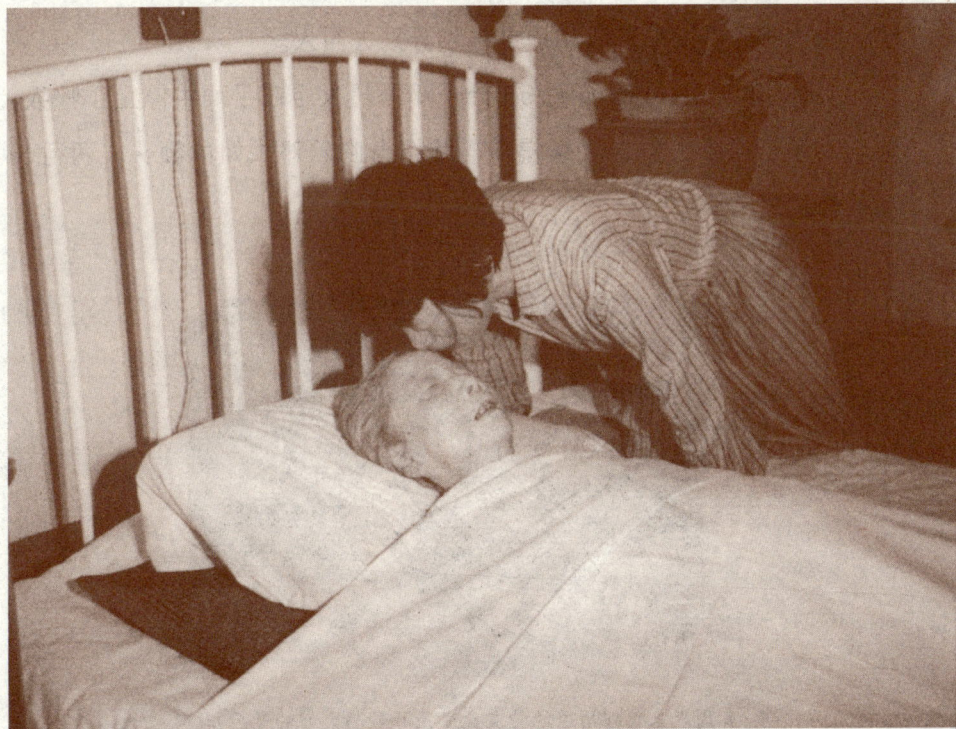

实是我和清醒的邓大姐相见的最后一面。

到了 10 日早晨，邓大姐的情况更糟了，她脉搏加快，呼吸缓慢，医生说病情危重，需要向中央报告。为防不测，下午我和警卫秘书高振普、保健医生季建华一起开始安排邓大姐的后事，哪些需要我们做，哪些要请示报告，整整列了两大张纸。同周总理去世时的情况不同，此时我们已经有了充分的思想准备。

10 日晚上 8 点左右，李鹏和夫人朱琳来到病房，我趴在邓大姐耳边向她报告，她用微弱而沙哑声音吐出两个字："李鹏……" 这是邓大姐临终前说出的最后两个字。

那天夜里，我起来看了几次，邓大姐的情况一直没有好转。到了 11 日清晨 5 点多钟，护士叫邓大姐，她没有任何反应，我就急忙起来趴在她床前喊："大姐，我是赵炜，您听见没有？您要听见就睁睁眼睛点点头。" 但邓大姐别说睁眼睛，就连一点儿反应也没有。这时她的血压和脉搏都降了下来，我和护士赶快分别去叫人。

1992 年 7 月 11 日 6 时 55 分，邓颖超大姐在平静中停止了呼吸，她老人家走得十分安详。病榻前，我俯身吻着邓大姐的额头，两行长泪顺着脸颊流下……

▲ 周恩来总理用过的骨灰盒成为邓颖超大姐的最后归宿

# 最后的送别

翻翻 20 世纪 90 年代邓颖超去世时的新闻和照片，人们可以发现，几乎在所有的吊唁活动中，赵炜站的那个位置都是逝者家属的第一排位。作为一个陪伴了邓颖超 27 年之久的老秘书，赵炜和邓颖超的关系早已情同亲人，因此，当她捧着邓颖超的骨灰盒——16 年前它同样装过周恩来总理的骨灰，一步一步走向"新海门"号海轮时，所有的人都觉得此举非她莫属。事实上，邓颖超也早有遗嘱：她把扬撒自己骨灰的任务交给了赵炜和高振普——两个她生前最信任的人。

邓大姐停止呼吸后，中央领导同志陆续来到北京医院，他们就在医院现场研究起邓大姐的治丧事宜，中央当即做出决定：发讣告，公布邓大姐的遗嘱。

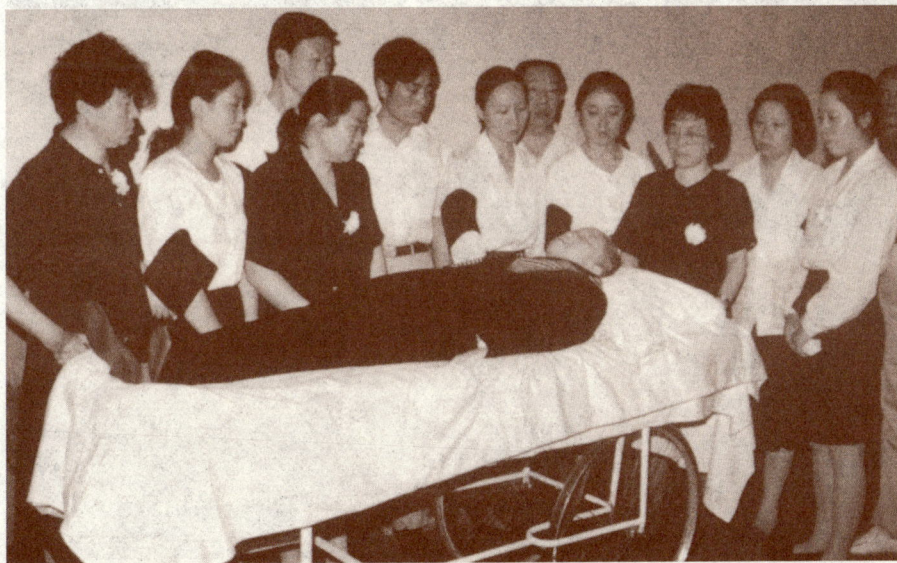

▲赵炜和同志们最后一次为邓颖超整装，每个人都献上了对邓大姐的爱戴和敬意

357

▲鲜花丛中的邓颖超。左边写着"88"的花圈为赵炜敬献

在中央领导开会的时候，他们把我找了去，说要听听邓大姐身边工作人员的意见。我根据邓大姐生前的交代向中央领导请示了四个问题：第一，邓大姐生前不同意在家里搞吊唁活动，西花厅还要不要设立灵堂；第二，邓大姐遗嘱中说不搞遗体告别，我们是否要告别，在哪里告别；第三，工作人员守不守灵；第四，很多日本友人都非常敬仰周总理和邓大姐，他们要来怎么办？

当时，中央考虑到群众的感情，所以在处理她的后事时没有完全按遗嘱办，就我请示的四个问题，做出决定：在西花厅设灵堂，接受群众吊唁；在八宝山同遗体告别，那里地方大些；工作人员和亲属可以守灵；在我驻日本使馆设立灵堂，供日本朋友吊唁，对于来京的日本朋友由对外友协负责接待。

一切都安排好了以后，我回到西花厅去为邓大姐准备最后的衣服。

邓大姐的衣服是她生前就选好的，那是一套 20 世纪 60 年代做的黑色西装，因为合体，邓大姐特别喜欢，16 年前，她就是穿着这套衣服给周总理送行的。自从周总理去世后，邓大姐就不再穿这套衣服了，她对我说："赵炜，这套衣服你帮我收好，我走时你给我穿它，我喜欢。"我当时就不同意："干嘛非穿这套破衣服，都打补丁了，人家会说我的。到时候我会选一件你喜欢的衣服。"可邓大姐坚持死后一定要穿这套衣服，她的理由一是这衣服合体，自己特别喜欢；二是人死后里三层外三层穿新衣服那是给活人看的，烧了是无谓的浪费。邓大姐这样一坚持，我也不好再反驳，就遵照她的意愿收好了这套旧西装。

当我让一位同志把这套邓大姐亲自选中的衣服拿出来时，很多从来没见邓大姐穿过那套衣服的同志都很惊讶。那衣服袖子破了、里子破了，就连裤腰也破了，上面打着好几个不同样料子的补丁。"赵秘书，为什么非要给大姐穿这套衣服？"同志们哭着问我，"大姐哪套衣服不比这套强，咱们选一套好点的不行吗？"当时在场的同志都不同

▲ 江泽民、杨尚昆为邓颖超大姐送行

意给邓大姐穿上这身已经破旧的衣服，我只好反复向大家解释：其实，我也不愿意这样做，但这是 16 年前大姐亲自交代的，而且我也向她老人家保证过。所以我们要按照她的遗愿办。听我这样一说，大家不再反对了，一个个泪流满面拿起针线仔细地又缝补了一遍那身衣服。

7 月 17 日清晨 4 点半，我们西花厅的所有工作人员就都赶到了北京医院，在整容医生的指挥下，大家一起动手，为邓大姐最后一次换上了衣服。那天，邓大姐内穿一件紫红色毛衣，外面是春绸面棉袄，最外面套的就是那身她和周总理告别时穿的黑色华达呢西装。

上午 8 点 20 分，中共中央总书记江泽民、国家主席杨尚昆、国务院总理李鹏、全国人大常委会委员长万里等中央领导同志都来到北京医院送别邓大姐。简短的告别仪式后，八名战士抬着邓大姐的灵柩

徐徐走出告别室，我们要护送邓大姐的遗体到八宝山革命公墓礼堂。

　　同周总理去世时的情景一样感人，从北京医院到八宝山，十八里长街上站满了为邓大姐送别的人。望着窗外这一幕动人的场景，我心中十分感动：邓大姐，您看到了吗？虽然您一生无子无女，但是您却有那么多热爱您的各族儿女在为您送行。

　　9点15分，八宝山革命公墓的告别室里开始接待一批又一批送别邓大姐的群众，直到下午4点30分，邓大姐的遗体才送去火化。过了两个小时，我和高振普要去收骨灰了，可这时我的脉搏加快，腿也发软，一时下不了车。我怎么也不能相信，几天前还同我一起说话的邓大姐，此时已人去形没变成了灰。后来吃了一点药，我擦擦眼泪迈着沉重的步子走到火化炉前，一捧一捧地把邓大姐的骨灰收在骨灰盒里，骨灰很热，同志们让我用工具收，我摇摇头，这样捧着骨灰我觉得就

▲带着邓大姐最后一次回家

▲ 邓颖超大姐在西花厅的最后一夜

是在拉着邓大姐的手。

　　暮色中，我捧着邓大姐的骨灰盒走进西花厅，那一刻，大家的心都很沉痛，从大门口走到后院的客厅平时也就是 5 分钟路程，可那天我足足走了 17 分钟。把邓大姐的骨灰安放在客厅后，我流着泪说："大姐，您回家了。"话音刚落，所有的人都放声痛哭，我们一起跪倒在邓大姐的遗像前，以晚辈对长辈的崇敬，向她老人家致哀！

　　这将是邓大姐在西花厅的最后一夜，明天，她的骨灰就要撒入大海，以后我们再没有机会和她朝夕相处了。那天晚上，同志们都没有走，就在这间邓大姐生前我常同她一起听音乐、聊天、读书和看文件的熟悉房间里，我们陪着邓大姐度过了她在西花厅的最后时刻。

　　7 月 18 日，是邓大姐去世后的第七天。清早 6 点半，我们就把邓

363

▲ 灵车开进西花厅

大姐的骨灰盒从后院送到前厅，在这里进行最后的吊唁后我们将要护送骨灰去天津。7点20分，中央领导和有关部门的代表都到齐了，哀乐声中，我又一次捧起邓大姐的骨灰盒，这次，她老人家将要永远离别西花厅。西花厅的院子里站满了送别的人群，有周总理和邓大姐的亲属，有曾经在这个院子里工作过的同志，有邓大姐生前好友和他们的后代，还有上百名手托军帽列队肃立的中央警卫团官兵……他们都目不转睛地望着我手中的骨灰盒，默默地和邓大姐作最后的告别。此刻，我的心比刀扎还要难受，走到西花厅的大门口时，我再也压抑不住心中的悲痛，手捧着骨灰转回身哭道："邓大姐、邓妈妈，从现在起，您就要永远离开您住了43年的地方——西花厅了，您再最后看这里一眼吧！"

我捧着邓大姐的骨灰要上车了，这时聂荣臻元帅的女儿聂力从后面的队伍中跑了出来，她伏在骨灰盒上哭着说：邓妈妈，您要走了，

▲西花厅灵堂

让我再亲您一次吧。当时的情景让人心都要碎了，我的手在颤抖，身体也几乎不能自持。我意识到不能再停留了，必须立刻上车。

按照邓大姐平时出去的习惯，我和高振普、医生、护士最后一次陪着邓大姐坐在她生前坐过的车里，车队在沿途数以万计群众的目送中从北京开往天津。

把自己骨灰撒在海河，这也是邓大姐生前的遗嘱。天津在邓大姐的心目中占有很重要的地位：那里是她童年和少年时代生活过的地方；在那里，她开始了自己的革命生涯；在那里，她遇见了自己相知相爱一辈子的亲人。邓大姐总爱把天津称为她的第二故乡，记得有一次她突然对我说："我死后骨灰撒掉会有保证了，但不能像恩来那样去撒，虽然地面上没人，却得动用飞机。"我当时最不爱听的就是她说这些伤感事，因此总想换个话题。邓大姐说："你不爱听我也得说，先交代给你将来有好处。万一我什么时间说不清楚就晚了。"邓大姐这样一说，我只好听她交代。她告诉我，要用她平时坐的车将骨灰送到天津，千万不要惊动天津的领导和人民，你们不声不响把骨灰撒到海河里后就回来。她还一再叮嘱我，在她去世后要向中央反映这一要求。

然而，扬撒邓大姐的骨灰这样一件大事不可能不惊动天津的人民。那天，当灵车进入天津时，很多群众已经早早地就等候在马路两旁，他们佩戴着白花手举着横幅默默地站立着，就是为了要送邓大姐最后一程。为了让天津人民多看一眼敬爱的邓大姐，我建议护士同志双手举起她的遗像。

在天津市大礼堂进行了最后的祭奠之后，我们乘车去了码头，在那里，"新海门"号轮船早已做好了一切准备。

▼护送邓颖超大姐最后的远航

▲赵炜和高振普含着热泪把邓大姐的骨灰撒入海河

12 时 15 分，随着"新海门"号的汽笛长鸣，海河上所有的轮船都拉响了悲哀的汽笛，伴着夏日的和风与一朵朵月季花，我和高振普一把一把地将邓大姐的骨灰撒向海河，悲伤的泪水也伴着骨灰一滴滴融入了滔滔河水。半个小时后，骨灰撒完了，我对着海河向邓大姐发誓：邓大姐，我要向你学习，以后不哭了。我要坚强起来，化悲痛为力量，努力为人民服务。

送走了邓大姐，我再次回到西花厅。失去了男主人，又失去了女主人，这里已经没有了往日紧张而欢快的日子，我伏在西花厅成堆的文牍里，一件件一份份地整理着那些记载着一个时代历史痕迹的遗物与文件……

第六章 ■ 西花厅岁月

# 原版文后缀语

　　当我在电脑中敲打完最后一个句号时，心里才算有了一种踏实的感觉。这十几万字的撰写，对于我来说其难度恐怕不亚于50万字的小说或散文。10个月前，赵炜阿姨决定要出记述她在西花厅工作的回忆录，当她找到我时，我感到了一种信任，同时也能抒发一下自己对周恩来总理和邓颖超同志的怀念之情，因此便毫不犹豫地应下了这份工作。我最早想用叙述散文或传记的形式表现这些资料，但赵炜阿姨无法对那样的表现形式表示认同，因此，最后我们还是选取了自述纪实写法，这种写法也是我所熟悉和经常在办杂志工作中运用的。

　　我们这一辈人是听着毛泽东、周恩来、朱德这些伟人的名字长大的，在我的脑海里，有些特别深刻的记忆是永远忘不了的。在我的脑海中最深刻的记忆属于周恩来总理。我忘不了第一次在工人体育馆见到身穿军装的周总理身影；也忘不了周总理逝世时在寒风中送别他的那几个小时；更忘不了那一年清明时节天安门前的白花、诗词与血迹。自从我认识了赵炜阿姨，她常常于不经意间就讲上一段西花厅的故事，这就使得我渐渐又了解到伟人周总理的平凡一面。

　　赵炜阿姨提供的资料很多，如何在这成堆的文件里找到能让读者感悟和产生阅读欲望的素材，这是置于我面前的一个难题。按照赵炜阿姨出书的原则，非她经历和听到的事件一概不得入选，而对于曾在西花厅经历过的许多细节，她也有些记得不太真切。因此，我在选材时，只对赵炜阿姨特别认定和具有特

▲ 两代人在西花厅共同缅怀周总理和邓大姐

殊意义的往事进行了文字处理。虽然这十几万字根本不足以表述赵炜40年来在西花厅的工作与生活，但却可以从一个侧面让读者了解到周恩来邓颖超夫妇伟大的人格魅力，以及他们与赵炜阿姨之间的真情厚谊。

感谢我的朋友谈著在文字杀青阶段为我提供的巨大帮助，感谢朱高登先生在百忙中对几百幅图片的扫描和修整，同时也要感谢我的先生和正在读高中的儿子，这几个月他们对我的不理家务给予了深深的理解和最大支持。我们都能为自己以不同方式为纪念周恩来总理和邓颖超同志做点什么而感到欣慰——这就是中国老百姓的心意。

泠 风

2003 年 12 月 23 日落笔于蜗居

369

图书在版编目（CIP）数据

西花厅岁月：我在周恩来邓颖超身边三十七年/赵炜著；冷风执笔.
—北京：社会科学文献出版社，2009.7（2021.8 重印）
（风云人物系列）
ISBN 978 - 7 - 5097 - 0864 - 4

Ⅰ.①西… Ⅱ.①赵… ②冷… Ⅲ.①周恩来（1898～1976）—
生平事迹 - 邓颖超（1904～1992）—生平事迹 - Ⅳ.①K827 = 7

中国版本图书馆 CIP 数据核字（2009）第 094822 号

· 风云人物系列 ·

# 西花厅岁月
—— 我在周恩来邓颖超身边三十七年

著　者/赵　炜

执　笔/冷　风

出　版　人/王利民

项目统筹/宋月华

责任编辑/范明礼

出　　版/社会科学文献出版社·人文分社（010）59367215
　　　　　地址：北京市北三环中路甲 29 号院华龙大厦　邮编：100029
　　　　　网址：www.ssap.com.cn

发　　行/市场营销中心（010）59367081　59367083

印　　装/三河市尚艺印装有限公司

规　　格/开　本：787mm×1092mm　1/16
　　　　　印　张：23.75　字　数：304 千字

版　　次/2009 年 7 月第 1 版　2021 年 8 月第 19 次印刷

书　　号/ISBN 978 - 7 - 5097 - 0864 - 4

定　　价/59.00 元